WALDVIERTLER SCHMANKERL

Strudl & Sterz

KULTUR . REGION . NIEDERÖSTERREICH

volkskultur | niederösterreich

IMPRESSUM

Herausgeber: Volkskultur Niederösterreich GmbH
ein Betrieb der Kultur.Region.Niederösterreich GmbH
3452 Atzenbrugg, Schlossplatz 1
FN 308711m, LG St. Pölten
Tel.: 02275 4660
Fax: 02275 4660 27
office@volkskulturnoe.at
www.volkskulturnoe.at

Gesamtleitung: Dorothea Draxler, Dr. Edgar Niemeczek
Koordination: Mag. Andreas Teufl
Rezepte: Gisela Toth
Gedichte: Isolde Kerndl
Grafik: Julia Preiss
Cover: Verena Weiss
Fotos: Werner Fröhlich, atelier olschinsky (S. 109, 143)
Druck: Druckerei Janetschek GmbH
ISBN 978-3-901820-86-1

WALDVIERTLER SCHMANKERL

Strudl & Sterz

nach Rezepten von Gisela Toth &
Gschichtln von Isolde Kerndl

Das Kochen zählt zu den ältesten Kulturtechniken des Menschen. Kochen steht aber auch für Genuss und Sinnlichkeit. Das vorliegende Kochbuch „Strudel & Sterz" ist für Leib und Seele gedacht und bietet einen kulinarischen Streifzug durch das Waldviertel.

Gisela Toth, eine begeisterte Hobbyköchin aus Groß Gerungs, sammelte über viele Jahre regionale Rezepte. Bei ihren Recherchen stieß sie auf alte handschriftliche Kochanleitungen, die zum Teil bis in das 18. Jahrhundert zurückreichten. Die außergewöhnlichen Gerichte vor dem Vergessen zu bewahren und wieder in die heimische Küche zu integrieren, motivierte Gisela Toth zur Zusammenstellung dieser Rezeptsammlung. So bietet das Kochbuch nicht nur kulinarische Schmankerl aus dem Waldviertel sondern auch eine kulturgeschichtliche Reise durch die Jahrhunderte. Es gibt viele Köstlichkeiten zu entdecken: von deftiger, bodenständiger Hausmannskost bis hin zu feinsten Mehlspeisen. „Strudel & Sterz" zeigt die einfache aber trotzdem raffinierte Küche des Waldviertels.

Die vielen Rezepte laden zum Nachkochen ein. Die detaillierten Kochanleitungen garantieren das Gelingen der Gerichte. Erdäpfel, Karpfen, Mohn, Käse und Kräuter sind die typischen Produkte für das Waldviertel. Ganz im Sinne der Initiative „Wir tragen Niederösterreich" legt das Kochbuch Wert auf Originalität der Rezepte und bringt den Geschmack der Region in die Küche.

Heitere Geschichten rund ums Kochen von der Waldviertler Mundartdichterin Isolde Kerndl runden das Buch ab. Wir wünschen den Lesern viel Freude beim Schmökern und Ausprobieren der Gerichte. Vielleicht wird ja das eine oder andere Rezept durch eigene Ideen verfeinert, um eigene Variationen bereichert. Denn ein Kochbuch soll nicht einfach im Regal stehen – es soll leben.

Dorli Draxler
Geschäftsführerin der VOLKSKULTUR NIEDERÖSTERREICH

Von alten Wirtshäusern und Bauerküchen hat Gisela Toth hunderte Rezepte aufgestöbert, ausprobiert und die Besten in einem Kochbuch zusammengefasst. Auch, dass manche der alten Köstlichkeiten nicht verloren gehen.

*Von Großmüttern und urgroßmütterlichen Kochbüchern jene Rezepte ausgesucht, wo daneben aufgeschrieben steht: **„Besonders gut", „Feines Rezept von Mitzi", oder „Resi Rögners Torte schmeckt allen."** Freilich auch solche mit der Bemerkung: **„Sparsam aber gut"** oder **„Striezel ohne Ei, geht schön auf."***

*Einige dieser Aufzeichnungen sind noch in kurrenter Schrift verfasst, manchmal musste etwas erst übersetzt werden. Schwierig auch Bezeichnungen wie: **„... um 3 Kreuzer Semmeln."** Wie viele Semmeln bekam man im 18. Jahrhundert für drei Kreuzer? Auch verschiedene Waldviertler Mundartausdrücke mussten gedeutet werden. Zum Beispiel: **„In a kedarats Häfa toa"** (In einen tönernen Topf tun.)*

Die Leser dieses Kochbuches können die Rezepte getrost nachkochen, denn fast alle sind von Frau Toth vorgekocht und von Vorkostern für gut befunden worden. Einige Geschichten als „Zuaspeis", zum Schmunzeln sind auch in diesem Buch.

Isolde Kerndl

Inhalt

**Des solltats
a no wissn**

**A guata Toag,
a guates Bacht**

Wer woas, für wos's guat is

Kochrezepta

So månche Weibaleut im Lånd,
de håb'n Freud mit'n neuch'n G'wånd
und åndre wiedrum måch'n G'scher,
de woll'n a steile Karrier.

Viel Frauen åber sand besess'n
vom guat'n Koch'n und vom Ess'n,
de såmmeln volla Leidenschåft
Rezepta jährlich, massenhåft.

A jede Zeitung wird tranchiert,
im Fernseh'n hoamli spioniert.
San se auf B'suach toans gierig fråg'n:
„Könnt i net des Rezeptl håb'n¿"

So krieag'n de Weibaleut net gnua,
se bringans Ladl nimma zua
und wünsch'n trotzdem, weil åll's zweng
a Kochbüachl zu jedem G'schenk.

Do kemman dånn de Feiertåg,
„wås soll i koch'n¿ „is de Fråg'.
Trotz ållem Neuch'n droht de G'fåhr,
se koch'n s' Gleiche wia åll Jåhr.

Erster Absatz.

Von unterschiedlichen Fastensuppen, Eyer-Grieß-Milch-Mehl- und Reiß-Speisen, wie auch ordinari Backwerk von Germ und Schmalz.

I. Abschnitt.

Verschiedene Fastensuppen.

N. 1. Antiphiesuppe.

Erstlich mach eine gelblichte Einbrenn, schütt ein Wasser daran, oder eine Schleimsuppe, rühr es recht klar ab. Hernach butze einen Antiphiesallat, sied ihn im Wasser ab, ehe du ihn in die Suppe legest, gieb in die Suppe Safran, und 2 Löffelvoll Milchram daran. Dann den Sallat hinein, und gut sieden lassen.

N. 2. Biersuppe.

Thue in einen Hafen eine halbe weiß Bier, dazu nimm Zucker nach Belieben, Gewürz, Safran, und laß es untereinander sieden. Nimm besonders ½ Seittel gutes Obers, siede selbes in einem Pfandel, und schlage 6 Eyerdötter in einem Topf, thue dazu das siedende Obers, wohl untereinander gesprudelt, dann das siedende Bier. Hernach menge alles wohl miteinander,

A

Wer lång suppt, der lebt lång.

Stosuppe

///

Zutaten

½ l Milch
1 – 1 ½ l Wasser
2 ½ – 3 EL Roggenmehl
1 Becher Sauerrahm
Kümmel
Salz, Pfeffer

Zubereitung

Wasser mit Salz und Kümmel aufkochen. Milch mit Mehl gut versprudeln, in das kochende Wasser einrühren und aufkochen lassen. Nachher Sauerrahm gut verrühren und in die Stosuppe einrühren, aber nicht mehr kochen. Eventuell mit Salz und Pfeffer abschmecken.

Die Stosuppe wird von Haushalt zu Haushalt verschieden zubereitet.

Panadlsuppe

///

Zutaten

1 altbackene Semmel
Butter
Muskatnuss gerieben
Suppenwürze
od. Kräutersalz
1 Ei
Salz

Zubereitung

Eine kleingeschnittene Semmel in etwas Butter anrösten, mit Wasser oder Suppe aufgießen, verkochen lassen, das rohe Ei einschlagen, mit dem Mixstab die Suppe gut aufmixen, mit Salz und Muskatnuss abschmecken.

Tipp: Die Suppe schmeckt auch ohne Suppenwürze sehr gut.

Zwetschkensuppe

///

Zutaten

ca. 400 g entkernte,
getrocknete Zwetschken
⅛ l Obers
1 kl. Stk. Zimtrinde

Zubereitung

Entkernte Zwetschken werden über Nacht in 1 l Wasser eingeweicht. Am nächsten Tag in dem Einweichwasser mit den Gewürzen weich gekocht. Maizena wird mit Obers glatt verrührt und in die Suppe eingerührt. Die Gewürze werden entfernt und die Suppe mit einem Stabmixer aufgemixt oder passiert. Je nach Geschmack, kann man etwas Zucker oder Weißwein zufügen.

Tipp: Auf die gleiche Weise kann man auch eine Suppe mit getrockneten Äpfeln oder Birnen (Kletzen) zubereiten.

In unserer ländlichen Gegend wurde die Zwetschkensuppe am Hl. Abend gekocht.

2 Gewürznelken
Maizena
Wein

Suppentopf

Zubereitung

In einem Topf von ca. 2 l kaltem Wasser das Beinfleisch und den Markknochen einlegen und ca. 40–50 min auf kleiner Flamme kochen, dabei immer den sich bildenden Schaum abschöpfen. Gemüse waschen, putzen und in kleine Stücke schneiden. Nach der halben Garzeit die Hühnerbrüste, Gemüse, Suppenwürfel, sowie Salz, Pfeffer, Neugewürzkörner und geriebene Muskat dazugeben.
Die Suppennudeln extra kochen, abseihen und kalt abspülen.
Den Markknochen aus der Suppe nehmen, Mark in Scheiben schneiden, Beinfleisch und Hühnerbrüste aufschneiden, mit dem Gemüse, Markscheiben und Suppennudeln nochmals in die Suppe legen, erwärmen und mit geschnittenem Schnittlauch anrichten.

Zutaten

400 g Beinfleisch
2 Hühnerbrüste
1 Rindermarkknochen
½ Stange Lauch
2 Karotten
¼ Knollensellerie
100 g Kohl
1 Bund Schnittlauch
1 Suppenwürfel
Muskat
Neugewürzkörner
1 ungeschälte Zwiebel
Suppennudeln
Salz, Pfeffer

Beuschelsuppe

Zutaten

ca. 600 g Lunge
½ Herz
(entweder vom Kalb,
Rind od. Schwein)
1 EL Essig
½ Petersilienwurzel
½ Karotte
1 kl. Stk. Zeller
½ Zwiebel
Neugewürzkörner
Pfeffer
1 TL Kapern gehackt
1 Sardellenringerl

Zutaten Einbrenn

50 g Fett
70 g Mehl
½ Zwiebel

Zum Würzen

Zitronensaft
1 Zitronenzeste
Thymian
1 Lorbeerblatt
Essig
Salz, Pfeffer

Zubereitung

Das Beuschel (Lunge) und Herz gut auswaschen und in Wasser mit dem Wurzelwerk und Gewürzen mit Essig weich kochen. Lunge früher heraus nehmen, Herz muss länger kochen. Kalt stellen, dann feinnudelig schneiden.

Danach macht man eine Einbrenn, gibt die fein geschnittene Zwiebel dazu, röstet gut durch und gießt mit dem Kochsud auf. Dann würzt man mit Essig, Zitronensaft, gibt das Lorbeerblatt, den Thymian, die fein abgeschnittene Zitronenschale, dazu und lässt die Suppe gut verkochen. Zum Schluss gibt man einige gehackte Kapern, das geschnittene Sardellenringerl, Lunge und Herz, fein geschnitten dazu und würzt nach Bedarf.

Tipp: Beuschelsuppe kann man auch nur mit gelindetem Roggenmehl eindicken!

Früher gab es beim Leichenschmaus Beuschelsuppe und Tee, heute serviert man Schweinsbraten mit Knödel und Bier.

Die Beuschlsuppe

Eine Gastwirtschaft wurde zu allen Zeiten an der Qualität des Essens gemessen. Am besten konnte man die Küche eines Wirtshauses an der Güte der Beuschlsuppe beurteilen. Genauigkeit, Sauberkeit und Ehrlichkeit beim Schneiden der Schweinslunge ohne ordinäres Verlängern mit Knorpel und Luftröhre. Feinfühligkeit beim Würzen, mit Pfefferkörnern, Lorbeerblatt und Wurzelgemüse. Ein Gulaschspiegel gab dem Gericht den letzten Schliff.

Das Weichselbaum-Wirtshaus war berühmt für eine hervorragende Beuschlsuppe. Trotz des häufigen Wechsels der Wirtinnen im Laufe der Jahrzehnte schien dieses Suppenwunder das einzige Überdauernde des Hauses zu sein. Vielleicht lag das Rezept in einer Küchenlade und wurde geheim, von einer Wirtin zur anderen weitergegeben.

Der Wochenmarkt brachte es mit sich, dass die Standler schon vor dem Aufsperren ihrer Bude, beim Weichselbaum ihre Beuschlsuppe zum Frühstück genossen. Ein Standler aus Sandl war ein besonderer Liebhaber dieser Speise und bestellte immer die doppelte Portion. Als er eines Tages spät am Markt ankam, schrie er den Kollegen zu: „Bestellts ma dawei' mei' Beuschlsupp'n und a Hålbe, i kimm glei nåch". Die anderen Marktfahrer nickten ihm zu und bestellten dem Mann seine Suppe. Plötzlich kam Einer auf die Idee dem Kollegen einen Streich zu spielen. „Dem Ausg'fressnan drahn ma heut wås zua, dass der Vielfrass oamål gnua krieagt". Der Sprecher nahm seinen Ledergürtel ab und schnitt ihn, mit dem Sattlermesser, in kleine, dünne Streifen. Als die Suppe des Mannes aus Sandl angerichtet wurde, warf er die Lederstücke in das heißdampfende Gericht. „Sollt eahm schmeck'n de Supp'n. Als der Standler aus Sandl ins Wirtshaus kam, stürzte er sich sofort auf die Beuschlsuppe. Rülpsend beendete er die Mahlzeit und grunzte zufrieden:

„I kimm ab hiatztn ållweil åls Letzter, denn dånn is de Beuschlsupp'n scho' dicka, guat wår's – Prost."

Erbsensuppe

Zubereitung

Am Vortag eingeweichte Erbsen ohne Salzzugabe im Einweich-wasser weichkochen und passieren. Helle Zwiebeleinbrenn hinzufügen, würzen, kurz verkochen lassen. Abschmecken.

Tipp: Geröstete Speckwürferl oder geröstete Semmelwürferl als Einlage dazu reichen.

Bei Linsensuppe ist die Zubereitung ähnlich, nur kocht man hier ein Lorbeerblatt und Thymian mit und schmeckt mit wenig Essig ab.

Zutaten

200 g getrocknete, gelbe od. grüne Erbsen
1 l Suppe
½ kleine Zwiebel
50 g Frühstückspeck
Butterschmalz od. Öl
Neugewürzkörner
⅛ l Obers
1 TL Mehl
Salz, Pfeffer

Ganslsuppe mit Bröselknödel

Zubereitung

Zubereitung Knödel
Semmeln in wenig Wasser einweichen und gut ausdrücken. Weiche Butter mit den Eiern verrühren, gehackte Petersilie, Muskat, Salz und ausgedrückte Semmeln dazurühren. Es soll ein weicher Teig entstehen. Wenn nötig, Semmelbrösel unter-mischen. Ein Probeknöderl machen und in die Suppe einlegen. Ist die Masse zu weich, dann noch Semmelbrösel dazugeben, ist die Masse zu fest, dann etwas Butter unterrühren.

Zubereitung Suppe
Gänseklein mit dem Wurzelgemüse, Zwiebel und Gewürzen in 1 l kaltem Wasser zustellen und weich kochen. Dabei am Anfang den sich bildenden Schaum abschöpfen. Anschließend eine helle Einbrenn aus 50 g Butter und 30 g Mehl zubereiten, mit der abgeseihten Suppe aufgießen, mit der Schneerute ver-rühren, so dass keine Klumpen entstehen. Bröselknöderl in die kochende Suppe einlegen, leicht ziehen

Zutaten

von der Gans: Hals, Magen, Herz u. Flügerl
100 g Wurzelwerk
1 kl. Zwiebel
1 Lorbeerblatt
Pfefferkörner
Neugewürzkörner
Muskat
30 g Mehl
50 g Butter
1 Scheibe Bio-Zitrone
Suppenwürze
Salz, weißer Pfeffer

Zutaten Knödel

2 Semmeln
2 Eier
60 g Butter
1 EL Petersilie
Muskat
Semmelbrösel nach Bedarf
Salz

lassen. Suppe mit weißem Pfeffer und wenn nötig mit Suppenwürze abschmecken, nun das gekochte Gänseklein gut abputzen und in die Suppe einlegen, ebenso das gekochte, geschnittene Gemüse hineingeben. Die Zitronenscheibe und das Lorbeerblatt einlegen und kurz durchziehen lassen.

Markknöderl

Zutaten

50 g Rindermark
1 Semmel
1 EL Semmelbrösel
5 g Butter
1 Ei
Muskat
Petersilie
Salz, Pfeffer

Zubereitung

Mark aus den Knochen lösen, in einer Pfanne anrösten und auskühlen lassen. Die Semmel im Wasser einweichen und danach ausdrücken. Weiche Butter, Ei und Mark zu einem Abtrieb verrühren, die gut ausgedrückte Semmel unterrühren und mit den übrigen Zutaten vermischen. Ist die Masse zu weich, noch Semmelbrösel dazugeben. Mit nassen Händen Knöderl formen und in die leicht kochende Suppe einlegen und 10 min köcheln lassen.

Geriebenes Gerstl

Zutaten

ca. 150 g Mehl
1 Ei
1 Eierschale voll Wasser
Salz

Zubereitung

Aus den Zutaten bereitet man einen sehr festen, trockenen Nudelteig. Reibt ihn am Reibeisen auf. Das Gerstl in kochendes Wasser einkochen, abseihen und in die fertige Suppe geben.

Tipp: Mit Mehl bestaubt und getrocknet, kann man das Gerstl länger aufbewahren, oder wie Reis (Tahonja) kochen.

Suppenschöberl

Zubereitung

Eiklar und Salz zu festem Schnee schlagen, Mehl unterheben, Dotter verschlagen und mit einem kleinen Stück zerlassener Butter unterheben. Eine Bratpfanne gut ausfetten, die Masse fingerhoch einfüllen und bei 180–200° 8–10 min im Rohr backen. In kleine Stücke schneiden und erst bei Tisch in die Suppe gegeben (saugt sehr).

Tipp: Für Käseliebhaber gibt man vor dem Backen 20 g geriebenen Parmesan in die Masse.

Zutaten

2 große Eier
40 g glattes Mehl
10 g Kartoffelstärkemehl
1 nussgroßes Stk. Butter
ev. 1 Prise Backpulver
Butter
Salz

Leberreis

Zubereitung

Die Leber fein faschieren, die Semmel in kaltem Wasser einweichen und ausdrücken. Die Zwiebel in Fett anrösten. Nun alles zusammenmischen und 1/2 Stunde ziehen lassen. Dann wird die Masse durch den Nockerlhobel in die kochende Suppe gedrückt, einmal aufgekocht. Dann einige min ziehen lassen.

Zutaten

100 g Rinderleber
1 Semmel
30 g Fett
1 Ei
1 EL gehackte Petersilie
1 EL gehackte Zwiebel
1 EL Semmelbrösel
etwas Zitronenschale
Majoran
Salz, Pfeffer

Des Fleischerl beim Boa
und des Wieserl åm Roa,
san des Beste, wia i moa.

G'hockert-Knödl / Fleischknödel

Zutaten

Zutaten Knödel
2 Teile rohe,
geriebene Erdäpfel
1 Teil gekochte,
geriebene Erdäpfel
Salz

Zutaten Fülle
250 g Bratenreste,
Geselchtes od. Surfleisch
Knoblauch
1 kleine Zwiebel
Petersilie
1 Ei
1 EL Crème fraîche
Salz, Pfeffer

Zubereitung

Fleisch für die Fülle ganz fein hacken (daher Ghokert), oder faschieren, mit den übrigen Zutaten vermengen, diese Fülle zu Kugeln formen und kalt stellen.

Für den Erdäpfelteig die Erdäpfel mit der Schale kochen, dann schälen und heiß durch die Erdäpfelpresse drücken. Die rohen Erdäpfeln werden geschält, in eine Schüssel Wasser und wenig Essig geben, die rohen Erdäpfeln mit der feinen Reibe hinein reiben, in einem Küchentuch sehr gut auspressen, dabei das Wasser auffangen und die abgesetzte Stärke zur Knödelmasse geben. Nun mischt man die durchgepressten rohen und die gekochten Erdäpfeln mit etwas Salz. Mit nassen Händen Knödel formen, befüllt sie mit der vorbereiteten Fülle und legt sie zum Kochen ins leicht wallende Wasser, je nach Größe 15 – 20 min.

Tipp: Mit Sauerkraut und Bratensaft servieren.

Zum Auspressen der rohen Erdäpfeln hatte man einen „Presssack" aus Leinen und in manchen Häusern gab es auch noch einen Pressstein. Dieser hatte eine Vertiefung und einen Abfluss. Da wurde der Presssack hinein gelegt, mit einem Stein beschwert und man ersparte sich das Auspressen.

Früher wurde diese Fleischfülle auf Vorrat zubereitet, wegen der längeren Haltbarkeit wurde gerne Surfleisch genommen. Hatte man keine Möglichkeit das Fleisch zu kühlen, wurde es auch im („Keadarat'n") Irdenen Häf'n = Tönerner unglasierter Topf im Garten eingegraben.

Grammelknödel mit Schwammerlsauce

Zutaten

Zutaten Teig
500 g gekochte,
mehlige Erdäpfel
200 g griffiges Mehl
2 Dotter
1 Prise Muskat
60 g Grieß
1 nussgroßes Stk. Butter
Salz

Zutaten Fülle
300 g Grammeln
1 kl. Zwiebel
2 Knoblauchzehen
2 Eier
Salz, Pfeffer

Zutaten Schwammerlsoße
ca. 600 g Eierschwammerl
ev. 1–2 Herrenpilze
od. getrocknete Pilze
1 Zwiebel
1 Knoblauchzehe
50 g Butter
3 EL Schlagobers
1 Becher Crème fraîche
ca. 15–20 g Mehl
Zitronensaft
1 EL gehackte Petersilie
weißer Pfeffer
Salz

Zubereitung

Grammeln fein hacken oder faschieren. In einer passenden Pfanne eine fein gehackte Zwiebel in ganz wenig Fett anrösten, gehackten Knoblauch und Grammeln dazu geben, durchrösten, Eier darüber schlagen, stocken lassen. Mit Salz, Pfeffer und Petersilie abschmecken, kalt stellen, dann Kugeln formen. Die Erdäpfel kochen, schälen und heiß durchpressen, mit den Zutaten für den Teig abmischen.

Aus dieser Masse Knödel formen, mit der vorbereiteten Fülle füllen, in leicht kochendem Wasser je nach Größe 15–20 min leicht köcheln lassen.

Zubereitung Schwammerlsoße
Eierschwammerl schön säubern, nicht zu viel waschen, größere Stücke vierteln, die kleinen sehr schmackhaften ganz lassen. Zwiebel fein schneiden, Butterschmalz in einer Pfanne erhitzen, gehackten Knoblauch und Schwammerl dazu geben, durchrühren und zugedeckt kurz dünsten. Mit Obers und etwas Wasser aufgießen, kurz einkochen. Dann Crème fraîche mit Mehl verrühren, unter die Schwammerl mengen, aufkochen lassen, mit gehackter Petersilie, Zitronensaft, Salz und Pfeffer abschmecken.

Tipp: Einen sehr guten Geschmack bekommt die Sauce, kocht man 1 oder 2 Herrenpilze (auch getrocknet) mit.
Auch saure Rüben oder Sauerkraut als Beilage und etwas Bratensaft schmecken köstlich dazu.

Schweinsfilet in der Hagebuttensoße mit Rosmarin-Birnen

Zubereitung

Das Filet würzen, rundum in Butterschmalz anbraten, dann im Rohr bei 80° ca. 50–60 min garen.

Für die Sauce Milch und Obers erhitzen, Hagebuttenkonfitüre einrühren, sämig einkochen und Gewürze dazugeben.

Die Birnen schälen, vierteln. In einer Pfanne Butter erhitzen, Birnen und Rosmarin einlegen, andünsten und zugedeckt 5 min ziehen lassen.

Tipp: Bandnudeln dazu servieren.

Zutaten

800 g Schweinsfilet
Salz, Pfeffer

Zutaten Sauce
1 EL Hagebuttenkonfitüre
100 ml Milch
200 ml Obers
Paprikapulver
Butterschmalz
Salz, Pfeffer

Zutaten Birnen
2–3 Birnen
2–3 Zweige Rosmarin
Butter

Bauchfleisch mit Sauerkraut gefüllt

Zutaten

1 ½ kg Bauchfleisch
400 g Sauerkraut
2 rohe Erdäpfel
1 Ei
2 Äpfel
1 Lorbeerblatt
Wacholderkörner
Zucker
Kümmel
Knoblauch
2 Zwiebeln
1 EL Schmalz

Zubereitung

Zwiebeln durchschneiden, in einer Pfanne braun anbraten. In das Bauchfleisch eine Tasche schneiden, diese salzen und leicht pfeffern.

Das Sauerkraut kosten, ist es zu scharf, auswaschen, dann würzen.

In eine Schüssel rohe Erdäpfel reiben, die in Scheiben geschnittenen Äpfel und das rohe Ei dazu geben, mit Kümmel und Zucker würzen, mit Sauerkraut vermischen, in die Fleischtasche füllen und zunähen.

In einer passenden Pfanne füllt man fingerhoch Wasser, legt das Fleisch mit der Schwarte nach unten ein und lässt es bei 170 ° ca. 30 min im Rohr braten. Dann schneidet man die Schwarte in 1 cm Abstand ein, würzt jetzt mit Salz, Pfeffer, Kümmel und Knoblauch, gibt das Schmalz, die braunen Zwiebeln und das Fleischwasser dazu, das beim Kochen entstand, und schiebt den Braten bei 160 ° ca. 1 Stunde mit der Schwarte nach oben ins Rohr.

Kurz vor Ende der Bratzeit den Braten aus dem Rohr heben, auf den Rost des Backofens legen und bei 200° Grillstufe ca. 10 min knusprig braten.

In der Zwischenzeit den Saft zubereiten. Die mitgebratenen Zwiebeln mit dem Saft aufmixen, den Saft abschmecken, und zum Fleisch servieren.

Schweinsfilet im Knödelhemd mit Paprikagemüse

Zutaten

800 g Schweins-
lungenbraten
100 g Hamburger Speck in
Scheiben
Öl
1 Schweinsnetz
200 g Semmelwürfel
1 Zwiebel, fein geschnitten
gehackte Petersilie
2 Knoblauchzehen,
fein geschnitten
1 Ei
Milch
Butter
Salz, Pfeffer

Zutaten Paprikagemüse

je 1 roter u. grüner, würfelig
geschnittener Paprika
2 würfelig
geschnittene Tomaten
1 Zwiebel
1–2 Knoblauchzehen
Butter
⅛ l Weißwein
1 TL Curry
1 EL Tomatenmark
Obers
Salz

Zubereitung

In einer Pfanne Öl erhitzen, Fleisch rundum scharf anbraten, herausnehmen, abkühlen lassen. Mit Salz und Pfeffer würzen und mit den Speckscheiben umwickeln.

Für die Knödelmasse in einer Pfanne etwas Butter erhitzen, Zwiebel und Knoblauch darin anschwitzen. Zwiebel-Knoblauchmischung mit Milch, Ei, Salz, Petersilie und Semmelwürfeln vermengen, etwa 10 min durchziehen lassen.

Schweinsnetz sehr gut auswaschen, am besten über Nacht in kaltem Wasser einweichen, abtrocknen und auf der Arbeitsfläche ausbreiten. Die Knödelmasse auf etwa einem Drittel der Fläche ausstreichen, das in Speck gewickelte Schweinsfilet drauf legen. In das Netz einwickeln, mit feuchten Händen nachformen. Auf ein Backblech legen und im auf 200° vorgeheizten Rohr etwa 25–30 min braten.

Für das Paprikagemüse fein geschnittene Zwiebel und Knoblauch in etwas Butter anschwitzen. Paprika und Tomaten dazugeben, mit Tomatenmark, Salz und Curry würzen, mit Wein aufgießen. Etwa 10 min dünsten. Paprikagemüse vor dem Servieren mit Obers verfeinern. Schweinsfilet in Scheiben schneiden und mit dem Gemüse anrichten.

Tipp: Auch Schopfbraten im Knödelhemd schmeckt sehr gut.

Gefüllte Paprika

Zutaten

350 g gemischtes Faschiertes
100 g vorgekochter
Rundkornreis
1 TL Senf
1 TL gehackte Petersilie
frischer gehackterThymian
1 Ei
scharfer Paprika
1 TL Kapern
3 EL Olivenöl
5 rote od. gelbe Paprika
2 Zwiebel
1 Lorbeerblatt
1 Dose Tomaten in Stücke
od. frische Tomatensoße
¼ l Gemüsefond
5 Schafkäsewürfel
1 EL Crème fraîche
1 TL Mehl
1 TL Zucker
Salz, Pfeffer

Zubereitung

Eine Zwiebel fein schneiden, in 1 EL Olivenöl anschwitzen, mit dem rohen Faschierten, dem vorgekochten Reis und Gewürzen vermischen. Die Paprika waschen, die Kappen beim Stiel abschneiden, das Kerngehäuse entfernen und mit der Fülle füllen.

Die zweite Zwiebel schälen, in Ringe schneiden und mit dem Lorbeerblatt in restlichem Olivenöl und Zucker farblos andünsten. Die Tomaten dazu geben und mit dem Gemüsefond aufgießen.

Die gefüllten Paprika in die Sauce legen und im vorgeheizten Rohr bei 180° ca. 45 min dünsten. Crème fraîche, mit Mehl verrühren, die Sauce damit binden. Zum Schluss auf jeden Paprika eine Scheibe Schafkäse legen und kurz überbacken. Wenn nötig, Sauce noch mit Salz und Pfeffer abschmecken.

Tipp: Die Tomaten mit Suppengrün und Zwiebeln kochen, passieren und mit 1 EL Obers eindicken.

Osterschinken im Brotteig

Zutaten

ca. 1 ½ kg Bein-
od. Rollschinken

Zutaten Brotteig
300 g griffiges Mehl
150 g Butter
1 TL Kümmel
kalter Weißwein

Zubereitung

Rohen Schinken überkochen, auskühlen lassen und mit einer Küchenrolle trocken tupfen. Aus den Teigzutaten einen festen Teig unter Zugabe von wenig Wein bereiten, 30 min rasten lassen. Teig dünn ausrollen und zwar so groß, dass man das Fleisch in den Teig straff einschlagen kann. Das Fleisch mit dem Rosmarinzweig belegen, gut in den Teig einschlagen. Aus den Teigresten macht man eine Verzierung, belegt damit den Teig, bestreicht diesen mit verquirltem Ei, legt die Mandeln darauf und setzt den Schinken auf ein Backblech. Im vorgeheizten Rohr bei 180–200° ca. 50–60 min knusprig backen.

Tipp: Sehr gut schmeckt dazu Eierkren. Eier in Essigwasser kernweich kochen, schälen und mit dem Schneebesen zerdrücken. Mit Salz, Pfeffer, etwas Senf, Crème fraîche, einem Spritzer Essig und frisch geriebenem Kren vermischen.
Auch Preiselbeerkren schmeckt sehr gut .

1 Rosmarinzweig
1 Ei
1 Knoblauchzehe
geschälte Mandeln

Katzengschroa

Zubereitung

Das rohe Fleisch dünnblättrig, Lunge und / oder Leber feinnudelig schneiden. Mit der fein geschnittenen Zwiebel in heißem Butterschmalz anrösten, mit Salz, gehacktem Kümmel, Ingwer und einigen Zitronenzesten würzen. Mit einem Schuss Essig ablöschen, womöglich im eigenen Saft dünsten oder mit etwas Suppe aufgießen und zugedeckt weich garen. Zuletzt Mehl mit Sauerrahm versprudeln und dies unter das gedünstete Fleisch rühren. Kurz aufkochen lassen, abschmecken. Vor dem Servieren mit Schnittlauch oder Petersilie bestreuen.

Zutaten

1 kg Kleinfleisch
vom Schwein
(Schulter od. Schlegel)
250 g Lunge
u., od. Leber
1 große Zwiebel
Fett
(am besten Butterschmalz)
Kümmel
Zitronenschale
Ingwer
1 Schuss Essig
ev. Rindsuppe
¼ l Sauerrahm
1 EL Mehl
Schnittlauch od. Petersilie
Salz

Wurzelfleisch

Zutaten

1 kg Schweinsschulter od.
Bauchfleisch ohne Knochen
250 g Wurzelwerk
(Karotten, gelbe Rüben,
Sellerieknolle)
Petersilie
1 Zwiebel
Pfefferkörner
Neugewürzkörner
1 Lorbeerblatt
1 Zweig Thymian
1 l Wasser
1 TL Essig
1 Krenwurzel zum Reiben
2–3 rohe Erdäpfel
Suppenwürze
Salz

Zubereitung

Gemüse in grobe Streifen schneiden. Fleisch mit den Gewürzen in kochendem Essigwasser zustellen. Auf kleiner Flamme kochen und das austretende Eiweiß immer wieder abschöpfen. Dadurch wird die Suppe nicht so trübe. Wenn das Fleisch fast weich ist, Gemüse und geviertelte Erdäpfel dazu geben und fertig kochen.
In einer Suppenschüssel Suppe und Fleisch servieren, mit Gemüse garnieren und mit geriebenem Kren und gehackter Petersilie bestreuen.

Bruckfleisch

Zutaten

1 kg Bruckfleisch
(Kleinfleisch vom Rind: Milz,
Rinderbries, Herz, Rindsleber,
Hezröhren, genannt Lichteln und
das sich an der Brustinnenseite
befindliche Kronfleisch)
250 g Wurzelwerk
250 g Zwiebel
70 g Schmalz
⅛ l Rotwein
1 Schuss Essig
Wasser od. Suppe
1 Lorbeerblatt
Majoran

Zubereitung

Das Bruckfleisch ist eine Spezialität, besteht aus 6 Teilen des frisch geschlachteten Rindes und zwar möglichst zu gleichen Teilen. Herz, Leber und Bries wird in flache Scheiben, die Lichteln zu Ringen, Milz und Kronfleisch zu Streifen geschnitten. Die fein gehackte Zwiebel in Fett goldgelb anrösten und mit einem tüchtigen Schuss Essig ablöschen. Herz, Lichteln, Kronfleisch und Leber dazugeben, mit Salz, Pfeffer und Lorbeerblatt, etwas Thymian und Majoran würzen und das Ganze zugedeckt im eigenen Saft ungefähr 1 Stunde dünsten. Erst dann gibt man Bries und Milz dazu. In der Zwischenzeit das geputzte, fein geriebene Wurzelwerk mit zwei zerdrückten Knoblauchzehen in wenig Fett scharf anrösten und zum Fleisch dazugeben, etwas Wasser nachgießen, dass eine mollige Sauce entsteht und darin das Fleisch fertig dünsten. Zum Schluss den Rotwein dazu gießen.

Tipp: Als Beilage reicht man Knödel oder Erdäpfel.

Thymian
Salz, Pfeffer

Hochlandrinderbraten in Hagebuttensauce

Zubereitung

In einem Bräter Butterschmalz erhitzen, das Fleisch rundum anbraten, heraus nehmen und würzen. Im Bratenrückstand das geschnittene Gemüse dunkel anrösten, mit Rotwein und Suppe ablöschen, das Fleisch einlegen und im Rohr ca. 1 ½ Stunden weich dünsten, dabei immer wieder mit Saft übergießen.

Für die Sauce einen Teil vom Gemüse pürieren, wenn nötig noch mit Suppe oder Wein aufgießen, zum Schluss das Mehl mit Obers verrühren und mit dem Hagebuttenmark in die Sauce einrühren. Das geschnittene Fleisch einlegen und durchziehen lassen.

Zutaten

1 ½ kg Schlögl
vom Hochlandrind
Thymian
Wacholderbeeren
2 Lorbeerblätter
Wurzelwerk
(1 Karotte, 1 Pastinake, ½ Sellerieknolle, 1 Petersilienwurzel)
¼ l Rotwein
¼ l Rindssuppe
1 EL Hagebuttenmark
⅛ l Obers
½ EL Mehl
½ EL Butterschmalz
Salz, Pfeffer

Beiridschnitte gebacken „Gerungser Art"

Zutaten

2 Beiriedschnitten
100 g Pilze
Petersilie
1 Ei
Mehl
Brösel
Butterschmalz
Öl
Salz, Pfeffer

Zubereitung

Die gut abgelegenen Beiriedschnitten 2 Tage in Öl einlegen. Pilze in Scheiben schneiden, in einer Pfanne in wenig Öl kurz, aber kräftig anbraten, kalt stellen, salzen und pfeffern und mit Petersilie bestreuen. Dann jede Schnitte mit Klarsichtfolie abdecken und dünn ausklopfen, salzen, pfeffern, die Pilze auf dem Fleisch verteilen, das Fleisch zusammen klappen, mit Zahnstochern etwas zusammenstecken, panieren und in Butterschmalz langsam braten, dabei das Fleisch immer wieder mit dem Fett übergießen.

Tipp: Oder unpaniert nur in Mehl gewendet, auch in Butterschmalz braten.
Zitronenreis dazu servieren.

Gebackene Beiriedschnitte

Zutaten

2 schöne abgelegene
Beiriedschnitten
(wenn möglich mindestens
einen Tag in Öl einlegen)
1 Ei
Mehl
Semmelbrösel

Zum Ausbacken
Öl

Zubereitung

Die Beiriedschnitten auf beiden Seiten klopfen, die Ränder etwas einschneiden, salzen, in Mehl, Ei und Brösel wenden und in heißem Butterschmalz ca. 6 min backen.

Tipp: Mit Kartoffelsalat und Preiselbeeren servieren.

Rinder-Schmorbraten

Zutaten

1 ½ kg Rinderschulter
2 Zwiebeln
100 g Knollensellerie
1 Karotte
½ TL Pimentkörner
½ TL schwarze Pfefferkörner
5 Wacholderbeeren
1 Lorbeerblatt
Chillistreifen
1 Knoblauchzehe
2 Scheiben Ingwer
Schale ½ Bio-Zitrone
Schale ½ Bio-Orange
50 g Butter
3 EL Öl
2 TL Balsamico-Essig
1 TL Staubzucker
1 EL Tomatenmark
¼ l Rotwein
3 EL Weinbrand
1 l Suppe
Salz

Zubereitung

Das Gemüse schälen und in größere Würfel schneiden. Das Fleisch in einem Schmortopf in 2 EL Öl bei mittlerer Hitze rundherum kurz anbraten und wieder heraus nehmen. In die gleiche Pfanne 1 EL Staubzucker hineinstreuen, hell karamellisieren, das Tomatenmark hineinrühren und etwas anbräunen. Mit Weinbrand und einem Drittel vom Rotwein ablöschen und sämig einköcheln lassen. Den übrigen Rotwein auf zwei Mal hinzufügen und jeweils sämig einköcheln. Die Gemüsewürfel in einer zweiten Pfanne in 1 EL Öl bei mittlerer Hitze glasig anschwitzen, dann in den Schmortopf geben, mit der Suppe aufgießen und das angebratene Fleisch dazulegen. Weiters Piment, Pfefferkörner, Lorbeerblatt und Wacholderbeeren, die in einer Pfanne fettfrei angeröstet werden, in ein Leinensackerl füllen und zum Fleisch geben. Bei geschlossenem Deckel etwa 2 – 2 ½ Stunden bei 160° im Rohr schmoren lassen, dabei immer wieder aufgießen. Das Fleisch aus der Sauce nehmen, Gewürzsackerl entfernen. Die Sauce um ein Drittel einkochen lassen. Zuletzt eine halbierte Knoblauchzehe, Ingwer, Zitronen- und Orangenschalen einlegen und fünf min darin ziehen lassen. Die Sauce durch ein Sieb gießen, dabei das Gemüse etwas ausdrücken. Zuletzt die kalte Butter, den Balsamico Essig und die Chillistreifen unterrühren. Das Fleisch aufschneiden und mit der Sauce servieren.

Tipp: Schulterscherzel eignet sich gut zum Schmoren und Kochen.

Kalbs- oder Rehleber mit Salbeipolenta

Zubereitung

Polenta in einem Topf in Olivenöl leicht anrösten (nicht braun), mit Milch und Suppe aufgießen. Rosmarin, geschnittene Knoblauchzehen und Salz beigeben. Das Ganze bei geringer Hitze köcheln, bis die Polenta weich ist und bindet. Vom Herd nehmen, den geschnittenen Salbei untermengen, zugedeckt ausdämpfen lassen.

Zwiebelringe mit Mehl stauben und in heißem Öl langsam knusprig braten. Speckstreifen ebenfalls in wenig Öl knusprig braten.

Kalbs- oder Rehleber mit Majoran und Thymian würzen, in Mehl wenden und in Olivenöl auf beiden Seiten kurz anbraten, Leber heraus nehmen, warm stellen, den Bratenrückstand mit dunklem Balsamico-Essig aufgießen und mit sehr kalten Butterflocken binden. Mit Salz, Pfeffer und Sojasauce würzen, die Leber und die gebratenen Zwiebelringe dazugeben, einmal durchziehen lassen.

Apfel schälen, Kerngehäuse herausstechen und in nicht zu dünne Scheiben schneiden. 1 TL Butter in einer Pfanne aufschäumen lassen, die Apfelscheiben darin anbraten und zudecken. Äpfel sollten noch bissfest sein.
Kalbsleber auf Polenta anrichten, mit den Zwiebelringen, gebratenem Speck und Apfelscheiben garnieren.

Tipp: Rehleber vor dem Braten für mindestens 1 Stunde in kalte Milch einlegen.

Zutaten

4 Scheiben Kalbs- oder Rehleber
4 Scheiben Hamburgerspeck
1 großer Apfel
1 Zwiebel in feine Ringe geschnitten
Thymian
Majoran
1 TL Mehl
Olivenöl
Butter
Balsamico-Essig
1 Zweig Rosmarin
1 TL Sojasauce
Salz, Pfeffer

Zutaten Salbeipolenta

150 g Polentagries
200 ml Milch
200 ml Suppe
Rosmarin
Knoblauch
5 Salbeiblätter
Salz

Kalbsbeuschel

Zutaten

1 kg Kalbslunge
½ kg Kalbsherz
100 g Wurzelwerk
1 Zwiebel
1 Knoblauchzehe
1 Lorbeerblatt
Pfefferkörner
Neugewürzkörner
Thymian
1 ½ l Wasser
1 EL Essig
Salz

Zutaten Sauce

50 g Öl od. Butterschmalz
40 g Mehl
1 Prise Zucker
Majoran
½ Zwiebel
50 g Essiggurkerl
1 Lorbeerblatt
Zitronenzesten
2 Scheiben Ingwer
⅛ l Weißwein
3 EL Sauerrahm
Senf
weißer Pfeffer

Zubereitung

Lunge und Herz zuputzen und sehr gut auswässern. Lunge mehrmals mit dem Messer einstechen und mit Wasser und Essig, Wurzelwerk und den Gewürzen kochen. Ist die Lunge weich, herausnehmen, aber das Herz weiter kochen, es benötigt eine längere Kochzeit. Danach herausnehmen und auskühlen. Luftröhren aus der Lunge wegschneiden, Lunge und Herz in kleine Streifen schneiden. Zwiebel fein schneiden, in Öl glasig rösten, mit Mehl stauben und durchrösten, mit dem Beuschelsud aufgießen. Mit einer Schneerute verrühren, mollig einkochen. Dann Zitronensaft und einige Zitronenzesten, 2 kleine Scheiben frischen Ingwer, milden Weißwein, Salz, Lorbeerblatt, fein geschnittene Gurkerl, restliche Gewürze und das geschnittene Beuschel beigebgen. Durchrühren und auf kleiner Flamme einkochen. Rahm mit Mehl verrühren und unter das Beuschel geben.

Tipp: Mit Semmel- oder Grießknödel servieren.

Die Sauce kann man außerdem noch mit Kapern- oder Sardellenpaste würzen.

Kitz gebraten
mit Safransauce

Zubereitung

Zwiebel und Wurzelwerk nicht zu klein schneiden, mit dem Rosmarinzweig in eine große Pfanne geben, kurz anrösten und mit Suppe aufgießen. Das Fleisch salzen, pfeffern bei mäßiger Hitze in einer Pfanne leicht anbraten und auf das Gemüse legen. Das Rohr auf 100° vorheizen, die Pfanne mit dem Fleisch ca. 70 min bei 100° offen braten, 90 min wenn das Fleisch durchgebraten sein soll.

Für die Sauce Zucker karamellisieren, mit Madeira ablöschen und mit dem Bratenfond aufgießen, einkochen lassen. Safran in wenig Wasser einweichen, zum Saft geben und den Saft mit wenig sehr kalter Butter binden.

Tipp: Auf die gleiche Weise, wie man eine Kalbsbrust füllt, kann man auch eine Kitzbrust füllen und auf Gemüse braten, wie oben beschrieben.

Zutaten

1 kg Schulter, Schlegel
od. Keule vom Kitz
300 g Zwiebel
1 Karotte
1 Petersilienwurzel
1 Zweig frischer Rosmarin
1 Knoblauchzehe
Safranfäden
¾ l Kalbs- od.
Geflügelsuppe
Öl
1 Stk. Butter
⅛ l Madeira od. Portwein
1 TL Zucker
Pfeffer
Salz

a Gåns zum Bråt'n

Mia håb'n a reiche Verwåndtschaft in Wean. Sie håt a große Erbschåft
g'måcht und er håt reich g'heirat. Er ståmmt vom Wåldviertl, aber mia åls
Verwåndte wår'n eahm z'wenig fei'.

Selt'n sans uns besuch'n kemma, åber dånn håb'ns ållweil g'sågt wia sche des
Wåldviertl is. Seit oaniga Zeit san de zwoa gånz narrisch auf biologische Kost
und unlängst håb'ns uns an Brieaf g'schrieab'n. „Se planen a Party mit Freund,
de a biologisch denk'n und do hättens gern vo' uns a biologisches Gansl."

„A wånn mia und unsere Gansl net noblich und fei' gnua san, aber vielleicht
san de Viecha vo uns do billiga", des håb'n sich de Notig'n sicha denkt.

Jetzt hob is's, denk' i ma. Unsa Bua studiert in Wean, den geb'n ma de Gåns
mit, de Größte håb'i ausg'suacht, de Fettaste und de Lebendigste. Jå, aus a
Lebadte håm ma eah's obi g'schickt. De feinan Leut soll'n oamål sehg'n, dass
oaman net ållweil de bråt'nan Gansln ins Mäul flieag'n.

Gans mit Äpfel gefüllt

Zubereitung

Bei der Gans die Drüsen aus dem Bürzel herausschneiden, da dieses Fett leicht tranig schmeckt. Die Gans innen und außen waschen, trocken tupfen und mit Salz, Pfeffer, Majoran und Thymian einreiben. Die Gans mit den ganzen ungeschälten Äpfeln und der in grobe Stücke geschnittenen Zwiebel füllen, mit Holzspießen zustecken oder mit Zwirn zunähen.

In einer Pfanne 1 Finger hoch heißes Wasser einfüllen, den Beifußzweig einlegen und die Gans mit der Brustseite nach unten auf die abgeschnittenen Flügel und den Hals legen, zugedeckt bei 160° im eigenen Saft braten. Wenn nötig, immer wieder mit dem austretenden Saft begießen. Nach 1 ½ Stunden die Gans umdrehen, damit das Fett abfließen kann, die Gans mit einer Nadel oder einem Spieß einstechen, das austretende Fett immer wieder abschöpfen und aufheben. Nach 2 Stunden Bratzeit abdecken und offen weiter braten. Ca. 15 min vor Ende der Bratzeit die Gans aus dem Saft herausheben, am besten auf ein Gitter legen und eine Pfanne unterstellen. Das Backrohr auf Grillstufe oder Oberhitze auf 220° einstellen, die Gans entweder mit Calvados oder mit einer Mischung aus Cognac, Ingwer und Sojasauce einpinseln und knusprig braten.

In der Zwischenzeit den Bratensaft entfetten, das Fett aber aufheben, Maizena mit kaltem Wasser verrühren und in den Saft einrühren. Aufkochen lassen, etwas einreduzieren und extra zur Gans servieren.

Tipp: Sehr gut schmecken Waldviertler- oder Serviettenknödel und Rotkraut.

Die Bratzeit beträgt 3 ½– 4 Stunden. Nehmen Sie sich Zeit und lassen Sie die Gans bei niederer Temperatur braten

Zutaten

1 küchenfertige Gans ca. 4 kg
Majoran
Thymian
1 Zweig Beifuß
3 Äpfel
1 Zwiebel
1 TL Maizena
2 cl Calvados
od. Weinbrand
Ingwer
Sojasauce
weißer Pfeffer
Salz

Puten-Pilzpfanne
mit Erdäpfelpuffer

Zutaten

600 g Putenbrust
500 g Pilze nach Wahl
(Steinpilze, Eierschwammerl,
Champignons od. einige
getrocknete Pilze)
1 große Zwiebel
1 Becher Crème fraîche
od. Obers
Öl
Zitronensaft
1 Schuss Weißwein
1 TL Sojasauce
Instant-Suppenwürze
Salz, Pfeffer

Zutaten Puffer

8 große speckige Erdäpfel
1 Zucchini
1 Ei
2 EL Sauerrahm
1–2 EL griffiges Mehl
2 zerdrückte Knoblauch-
zehen
Salz, Pfeffer

Zubereitung

Putenbrust in feine Streifen schneiden und kurz in Öl anbraten, mit einem Schuss Weißwein ablöschen, salzen, pfeffern, aus der Pfanne heben und warm stellen. Die gehackte Zwiebel im Bratenrückstand anschwitzen, geschnittene Pilze dazugeben und gut durchrösten. Crème fraîche mit etwas Suppe und Mehl verquirlen, in die Sauce einrühren, mit Salz und Sojasauce abschmecken.

Zubereitung Puffer

Erdäpfel und Zucchini schälen und fein reiben, gut ausdrücken und mit Knoblauch, Sauerrahm, einem Ei, 1–2 EL Mehl und Salz gut vermengen. In einer Pfanne Öl erhitzen, die Masse mit einem Löffel ins heiße Öl einlegen und goldbraun backen. Auf Küchenpapier abtropfen lassen.

Tipp: Man kann die Puffer auch ohne Öl im Rohr (das Back-blech mit Backpapier auslegen) ca. 15 min braten. Zum Schluss in der Pfanne in wenig heißem Öl kurz knusprig fertig braten.

Putenbrust gefüllt mit Pilzen und
Kräutern im Schweinsnetz

Zutaten

750 g Putenbrust
Kräuter
(Petersilie, Maggikraut,
Basilikum, Rosmarin)

Zubereitung

Zwiebel klein schneiden, in Öl kurz glasig rösten, die geschnit-tenen Pilze und den Knoblauch dazugeben. 1 EL Dinkelgrieß dazugeben, durchrösten, dann abkühlen lassen, die Kräuter untermischen. Putenbrust der Länge nach aufschneiden, leicht klopfen. Außen und innen salzen und leicht pfeffern, mit der Kräuter-Pilzmischung füllen, einrollen und in das Schweinsnetz straff einschlagen. In einer Pfanne 1 TL Olivenöl erhitzen, das Fleisch einlegen und im Rohr bei 160° 45 min braten. Öfters mit dem eigenen Saft übergießen, ev. etwas Suppe dazugeben. Zum Schluss das Fleisch herausheben, aus dem Netz wickeln, wenn nötig den Saft entfetten und mit einem Schuss Sherry und Obers verfeinern.

Tipp: Dazu passt sehr gut Naturspinat oder Naturgemüse und Zitronen- oder Erbsenreis.

Das Schweinsnetz kann man auch durch Bratfolie ersetzen.

Olivenöl
¼ l Kaffee-
od. Schlagobers
Pilze der Saison
od. Champignons
1 Knoblauchzehe
1 Zwiebel
1 EL Dinkelgrieß
1 Schweinsnetz
od. Bratfolie
1 Schuss Sherry
Salz, Pfeffer

Rehrücken mit Sellerie-Erdäpfelpüree

Zubereitung

Den ausgelösten Rehrücken gut zuputzen, salzen und pfeffern, mit den zerdrückten Wacholderbeeren fest einreiben und im heißen Öl und Butterschmalz in einer Pfanne rundherum braun anbraten. Thymian dazugeben, mit etwas Butter bepinseln und in Alufolie einwickeln, bei 70° in den vorgeheizten Backofen ca. 30–60 min schieben. Kurz vor dem Servieren das Fleisch nochmals pro Seite 4 min in Butterschmalz anbraten, danach in Scheiben schneiden und mit der Sauce servieren.

Für die Sauce, Knochen klein hacken und kräftig in Öl anbraten. Speck und Gemüse in Würfel schneiden, zugeben und mitbraten. Erst dann Tomatenmark und die Gewürze zugeben, mit Portwein und Cognac ablöschen. Wenn die Flüssigkeit verkocht ist, den Rotwein zugeben und mit Wasser auffüllen, bis die Knochen bedeckt sind. Alles im vorgeheizten Rohr bei 200° 1–1 ½ Stunden schmoren lassen. Dann durch ein Sieb gießen, das Gemüse nur leicht andrücken und die Flüssigkeit etwas

Zutaten

1 Rehrücken
1 frischer Thymianzweig
Maiskeimöl
Butterschmalz
1 TL Wacholderbeeren
Salz, Pfeffer

Zutaten Sauce
Rehknochen
3 EL Maiskeimöl
1 Zwiebel
½ Bund Suppengrün
50 g durchwachsener Speck
1 EL Tomatenmark
2 Lorbeerblätter
frischer Thymian
frischer Majoran

1 Schuss Portwein
u. Cognac
½ l Rotwein
Maizena
Johannisbeere-
od. Preiselbeergelee
Obers

Zutaten Püree
1 kg mehlige Erdäpfel
½ Sellerieknolle
¼ l Milch
40 g Butter
Obers
Trüffel- od. Steinpilzöl
Salz

einkochen. Die Sauce mit angerührter Stärke binden, mit Salz und Preiselbeergelee abschmecken und je nach Geschmack mit geschlagenem Obers verfeinern.

Für das Püree Erdäpfel und Sellerie schälen, in kleinere Würfel schneiden und in Milch und etwas Butter weich kochen. Dann alles durch die Erdäpfelpresse drücken. Butter zugeben, mit Salz, ev. Obers und Trüffel- oder Steinpilzöl abschmecken.

Rehbraten mit Äpfel und Walnüssen

Zutaten

1 kg Rehkeule
einige Knochen
1 Zweig Rosmarin
1 TL Wildgewürz
300 g gemischtes Gemüse
(z.B. Karotten, Sellerie, Zwiebel usw.)
2 EL Öl
1 TL Tomatenmark
¼ l Rotwein
3 Lorbeerblätter
¼ l Wildfond od. Suppe
1 TL Maizena
1 EL Preiselbeerkompott
2 Äpfel
1 rote Chillischote 40 g
Walnusskerne
20 g Butter

Zubereitung

Die ausgelöste Rehkeule mit Rosmarin, Wildgewürz und Salz würzen. Mit Küchengarn binden und rollen. Karotten, Sellerie und Zwiebel grob würfeln. Öl erhitzen, Fleisch und Knochen darin anbraten, Fleisch herausnehmen, Gemüse dazugeben, goldbraun braten. Tomatenmark und Wein unterrühren und einkochen. Fleisch und Lorbeerblatt dazugeben, mit Fond aufgießen und aufkochen lassen. Im Ofen auf unterster Schiene bei 170° ca. 1 ½ Stunden zugedeckt schmoren lassen.

Rehbraten herausnehmen, in Alufolie einwickeln, 10 min rasten lassen. Sauce durch ein Sieb gießen, aufkochen, Maizena mit Wein verrühren und mit den Preiselbeeren die Sauce binden.

Äpfel schälen, Kerngehäuse ausstechen, in breitere Scheiben schneiden und mit Zitronensaft beträufeln. Chilli aufschneiden, die scharfen Kerne entfernen, mit den Walnüssen hacken. Butter aufschäumen, Apfelscheiben und Chilli darin anbraten, Ahornsirup dazugeben und einkochen. Äpfel 5 min ziehen lassen. Mit Walnüssen bestreuen.

Tipp: So wie die Rehkeule, kann man auch den Hasen in eine Beize aus Buttermilch legen, das Fleisch wird dadurch zarter. Knochen und Gemüse braun durchrösten, dann bekommt die Sauce einen guten Geschmack und eine gute Farbe.

Hirschbraten in Wacholdersauce

Zubereitung

Speck in dünne Stifte schneiden, salzen und pfeffern und den Hirschschlegel damit spicken. In einer Pfanne Öl erhitzen, Fleisch von allen Seiten scharf anbraten und herausnehmen. Im Bratenrückstand das geputzte, grob geschnittene Wurzelwerk und die Knoblauchzehen rösten. Tomatenmark einrühren und sogleich mit Rotwein ablöschen, mit Wildfond oder Suppe aufgießen. Fleisch, Wacholderbeeren und Pfefferkörner zugeben. Alles zugedeckt ca. 1 Stunde weich dünsten. Ist das Fleisch weich, aus der Sauce nehmen und warm stellen. Sauce mit einem Teil des gebratenen Gemüses im Mixglas pürieren, mit Orangensaft und Gin abschmecken und mit einem Stück sehr kalter Butter binden. Sollte die Sauce zu scharf sein, mit etwas Obers verfeinern.

Fleisch aufschneiden, kurz in die Sauce legen und mit Servietten- oder Grießknödel, gefüllt mit Preiselbeeren, servieren.

Tipp: Einige Wildknochen mitgebraten, macht die Sauce gehaltvoller.

Zutaten

1 EL Ahornsirup
od. Zucker
Salz

1 kg Hirschbraten
70 g grüner Speck
(ungeselchter roher Speck)
Öl
500 g gemischtes
Wurzelwerk
200 g Zwiebel
2 Knoblauchzehen
1 TL Tomatenmark
¼ l Rotwein
½ l Wildfond
od. Rindsuppe
10 Wacholderbeeren
Pfefferkörner
1 Lorbeerblatt
Saft einer Orange
2 cl Gin
30 g Butter
Salz, Pfeffer

Hirschgulasch mit Steinpilzen und Polenta

Zutaten

1 kg Hirschgulaschfleisch
aus der Keule
1 Knoblauchzehe
200 g Sellerie
200 g Karotten
2 Zwiebel
1 kl. Stk. Sternanis
Kardamomsamen
75 g Butterschmalz
1 TL Tomatenmark
½ l Rotwein
300 ml Suppe
1 TL gehackter Rosmarin
4 Wacholderbeeren
1 Lorbeerblatt
2 TL Steinpilzmehl od.
getrocknete Pilze
600 g frische Steinpilze
1 EL Olivenöl
od. Butterschmalz
1 EL gehackte Petersilie
(kein Paprikapulver)
Salz, Pfeffer

Zutaten Polenta
(siehe S. 76)

Zubereitung

Zwiebeln, Karotten und Sellerie putzen und in Würfeln schneiden, Knoblauch fein hacken. Das Fleisch mit Salz und Pfeffer würzen und im Schmortopf in Butterschmalz 5–6 min kräftig anbraten, Gemüsewürfel zugeben weiter kräftig durchrösten, Tomatenmark und Knoblauch einrühren. Sternanis, Kardamonsamen, Wacholderbeeren, Pfefferkörner in einer Pfanne ohne Fett rösten, dann in ein Leinentücherl einbinden, mit dem Steinpilzmehl, Rosmarin, Lorbeerblatt in den Schmortopf geben, mit Rotwein ablöschen und zugedeckt bei 160° Heißluft ca. 60 min im Rohr schmoren lassen. Wenn nötig etwas eindicken. 10 min vor Ende der Garzeit die frischen Steinpilze in Scheiben schneiden und in einer Pfanne mit Olivenöl oder Butterschmalz beidseitig je 3 min goldbraun anbraten. Das Gulasch mit den Steinpilzen auf Tellern anrichten, mit Petersilie bestreuen und mit Polenta servieren. (Rezept siehe S. 76)

Wildschweinbraten

Zubereitung

Das zugeputzte Fleisch waschen und in die Rotweinmarinade einlegen. Dazu die Marinadezutaten vermischen. Die Marinade soll das Fleisch gut bedecken. Zugedeckt 24 Stunden kühl stellen und immer wieder umdrehen.

Anschließend das marinierte Fleisch herausnehmen, trocken tupfen. In einem Schmortopf das Butterschmalz erhitzen, das Fleisch rundum anbraten, herausnehmen, mit Salz, Pfeffer und Paprikapulver einreiben. Das Gemüse aus der Marinade nehmen, kräftig anbraten, dann in den Schmortopf zum Fleisch legen und braten, bis alles Farbe bekommen hat. Nun die Wacholderbeeren und den Thymianzweig dazulegen, mit einem Teil der Rotweinmarinade aufgießen, zugedeckt 1 ½ –2 Stunden im Rohr bei 160° schmoren. Dabei häufig mit dem Saft begießen, wenn nötig auch mit restlicher Marinade aufgießen. Den Braten herausnehmen, in Folie wickeln und im abgedrehten, etwas geöffneten Rohr ruhen lassen. Sauce und Gemüse leicht durch ein Sieb drücken, mit Portwein und wenn nötig mit der restlichen Rotweinmarinade aufgießen, einkochen lassen. Nun Obers mit 1 TL Hagebuttenmarmelade verrühren und die Sauce damit verfeinern, ev. mit Maizena eindicken.

Tipp: Sehr gut schmeckt dazu Karfiol in brauner Butter mit gerösteten Mandelblättern und Erdäpfel-Grieß-Knödel. (Rezept siehe S. 74)
Man kann einen Wildschweinbraten aber auch nur mit Thymian, Salz und Knoblauch würzen.

Zutaten

ca. 1 ½ kg Wildschwein-
schlögel od. -Schulter
Paprikapulver süß
2 EL Butterschmalz
6 Wacholderbeeren, zerdrückt
1 frischer Thymianzweig
⅛ l Obers
ca. 100 ml Portwein
ev. 1 TL Hagebutten-
marmelade
Salz, Pfeffer

Zutaten Marinade
½ l herber Rotwein
½ l Wasser
1/16 l Öl
1 Karotte
1 Zwiebel
1 Knoblauchzehe
1 Petersilienwurzel
1 Petersilienstängel
¼ Sellerieknolle
1 Lorbeerblatt
1 Thymianzweig
Nelke
8 Pfefferkörner
6 Wacholderkörner, zer-
drückt
Zitronenzesten

Hasenbraten
in Rahmsauce

Zutaten

1 Hase
(Rücken u. Läufe)
100 g Speck
3 Wacholderbeeren
1 Karotte
1 Petersilienwurzel
1 Zwiebel
¼ Sellerieknolle
50 g Öl
20 g Mehl od. Maizena
Wasser od. Suppe
Pfefferkörner
Neugewürzkörner
1 Lorbeerblatt
1 Prise Thymian
1 Prise Muskatnuss
1 kl. Stk. Ingwer
10 g Preiselbeer- od.
Ribiselgelee
$\frac{1}{16}$ l Rotwein
$\frac{1}{8}$ l Obers od. Sauerrahm
Salz, Pfeffer

Zum Beizen des Hasen
½ l Buttermilch
1 Lorbeerblatt
1 Gewürznelke
Wacholderbeeren

Zubereitung

Der Hase wird enthäutet, Rücken und Läufe zerlegt und zwei Tage in eine Beize aus Buttermilch, Lorbeerblatt, zerdrückten Wacholderbeeren und einer Nelke gelegt, um das Fleisch zarter zu machen. Den Topf mit dem Hasen in den Kühlschrank stellen und regelmäßig das Fleisch wenden. Nach 2 Tagen das Fleisch aus der Beize holen, trocken tupfen, und mit Salz und Pfeffer einreiben. Den Speck in schmale Streifen schneiden, diese mit Salz und Pfeffer würzen und den Hasen damit spicken, mit zerdrückten Wacholderbeeren einreiben und auf dem in Fett angerösteten Wurzelwerk und Zwiebeln unter fleißigem Begießen im eigenen Saft halb weich braten. Dann wird mit Rotwein und Suppe aufgegossen und fertig gedünstet.

Für die Sauce das Fleisch heraus nehmen und warm stellen, $\frac{1}{3}$ des Gemüses bleibt im Bräter zurück, der Rest wird mit dem Bratensaft durch ein Sieb in den Soßentopf passiert. Die Flüssigkeit noch etwas einköcheln lassen, Sahne mit 1 EL Mehl oder Maizena verrühren und die Sauce damit eindicken. Preiselbeergelee einrühren und abschmecken. Den Hasen in Portionen schneiden, nochmals in die Sauce legen und durchziehen lassen.

Kuenringer Wildkessel

Zubereitung

Das Wildfleisch mit 20 g Mehl stauben, scharf anbraten, heraus nehmen und im Bratenrückstand 50 g Speckwürfel anrösten, die grob geschnittenen Zwiebeln und ca. 150 g geschnittenes Wurzelgemüse dazugeben und braun rösten. Tomatenmark und die Wildstücke dazugeben, durchrösten, den Weinbrand darüber leeren und anzünden, mit dem Rotwein ablöschen, mit ½ l Suppe auffüllen. Nun würzt man das Gericht mit den Gewürzen, Senf und dem Saft einer Zitrone. Das Fleisch ca. 90 min dünsten lassen, ist die Flüssigkeit zu wenig, mit Suppe oder Wasser aufgießen. Obers und Mehl verrühren und in die Sauce geben, etwas verkochen lassen und passieren. Wenn nötig noch mit der restlichen Zitrone abschmecken.

Die Linsen weich kochen (über Nacht einweichen), restliches Gemüse in Stifte schneiden und in 20 g Butter anschwitzten. Nun 50 g Speckwürfel mit dem Gemüse anrösten, den restlichen Rotwein dazugeben, leicht pfeffern, salzen, etwas Suppe beigeben und das Gemüse fast weich dünsten.

Die Pilze kurz in Öl und Butter anbraten. Nun mischt man alles zusammen, Linsen, Fleisch, das gestiftelte Gemüse und Sauce, lässt alles kurz heiß werden und serviert.

Zutaten

1 kg Wildfleisch
(in ca. 40 g schwere
Stücke schneiden)
600 g Wurzelgemüse
(gelbe Rüben, Sellerie,
Karotten, Petersilienwurzel)
150 g Zwiebel
100 g Hamburger Speck
30 g Tomatenmark
30 g Senf
300 g Pilze
od. Champignons
60 g Öl od. Butterschmalz
50 g Linsen
⅛ l Rotwein
⅛ l Obers
1 Zitrone
60 g Mehl
1 Lorbeerblatt
Thymian
Wacholderbeeren
Rosmarin
Kerbel
1 l Suppe
1 Stamperl Weinbrand
Salz, Pfeffer

Lammgulasch

Zutaten

800 g Lammschlögel
300 g Zwiebel
4 Knoblauchzehen
fein gehackt
1 kl. St. Ingwer
in Scheiben geschnitten
2 EL Tomatenmark
2 EL Paprikapulver edelsüß
1 Zweig Rosmarin
¼ l trockener Rotwein
¹⁄₁₀ l Rotweinessig
¹⁄₁₀ l Olivenöl
1 EL Honig
750 ml Kalbsfond
2 Chillischoten
gehackt u. entkernt
frisch gemahlener Pfeffer
Salz

Zubereitung

Das Fleisch in einer Marinade aus Essig, Öl, Honig und etwas Wein 3–4 Stunden, am besten über Nacht ziehen lassen (es soll gut bedeckt sein). Das abgetropfte Fleisch, in Stücke schneiden, salzen, in Olivenöl scharf anbraten, Zwiebel fein schneiden und goldbraun anrösten, Knoblauch kurz mitrösten, mit Rosmarin, Tomatenmark zum Gulasch geben. Paprikapulver einstreuen, mit der Hälfte vom Rotwein ablöschen und einkochen lassen. Mit dem Kalbsfond und dem Rest vom Wein auffüllen und ca. 50 min schmoren lassen. Mit Pfeffer und Salz abschmecken und wenn nötig etwas binden. Ev. zum Drüberstreuen eignen sich gekochte Maroni, kernlose Weintrauben oder gehackte Chillischeiben.

Als Beilage eignen sich Grieß-Erdäpfelknödel (Rezept siehe S. 74) oder Polentarolle.

Forellenfilet

Zubereitung

Gewürze im Mörser zerstoßen oder mit dem Messer hacken, mit Salz, Zucker und geschnittener Dille vermischen. Die Filets fest mit dieser Mischung einreiben, mit dem Zitronensaft beträufeln und je nach Größe mindestens 1–3 Stunden marinieren lassen. Am Besten in einem Topf mit Deckel legen, immer zwei Filets mit der Hautseite nach außen zusammen legen und in den Kühlschrank stellen. In einer Pfanne ein Stück Butter und etwas Öl erhitzen, die Filets mit einer Küchenrolle sehr gut abtrocknen, mit den Zitronenzesten bestreuen, die Hautseite mit Mehl bestäuben und mit der Hautseite in der Pfanne bei mittlerer Hitze einige min braten. Dann umdrehen und bei mittlerer Temperatur fertig braten. Oder ein Backblech dünn mit Öl bestreichen und im vorgeheizten Rohr bei 160° wieder mit der Hautseite nach unten kurz fertig braten.

Tipp: Sehr gut schmecken Folienkartoffeln mit einer Topfen-Rahm-Sauce oder Dill-Sauce. (Rezept siehe S. 73)
Diese Beize ist für jeden Fisch mit festem Fleisch geeignet.

Zutaten

Für die Beize
100 g Meersalz
50 g Zucker
1 flach gehäufter TL
schwarze Pfefferkörner
Senfkörner
Wacholderkörner
1 Nelke
1 Lorbeerblatt
½ Bund frische Dille
Zitronenzesten
4 schöne Forellenfilets
Butter u. Öl
1 EL Mehl
Zitronensaft

a Kraut...

A Schaffl Kraut
mit Kümm' und Sålz,
a Stückl Brot,
a Häferl Schmålz,
a Stamperl Schnåps,
a Glasl Most,
des is scho' wås,
dass d'Gsundheit håst.

Für's schene G'sicht
gånz ohne Fålt'n
is's Kraut gråd recht,
a für de Ålt'n.

Da Kümml g'hört
für Bauch und Ruah,
für'n Lebensmuat
des Sålz dazua.

Da Schnåps für d'Freud,
für d'Seel zum Trost
an jedem Tåg
a Krüagl Most.

Zum Dånk-schen-såg'n
a Stückl Brot,
so håb'n mir allsåmt
nia a Not.

Krautstrudel
mit Faschiertem

Zubereitung

Zubereitung Teig I

Germ in 1 EL lauwarmer Milch auflösen. Für den Teig Butter in das Mehl bröseln, alle Zutaten dazu geben, gut durcharbeiten und 1 Stunde rasten lassen. Es soll ein mittelfester Teig sein.

od. Zubereitung Teig II

Germ in 1 EL lauwarmer Milch auflösen. Mehl mit Butter abbröseln, Sauerrahm und aufgelöste Germ dazu geben, passierte Erdäpfeln dazu mischen, zu einem festen Teig verarbeiten. ½ Stunde kühl rasten lassen. Den Teig einige Male ausrollen und wie ein Tuch einschlagen, dazwischen immer wieder rasten lassen.

Zubereitung Fülle

Faschiertes würzen, in einer Pfanne Zwiebel und Fleisch mit etwas Öl kurz durchrösten, mit Kraut mischen, würzen, mit Rahm und Dotter binden.

Teig ausrollen, mit der Kraut-Fleischfülle belegen, einrollen, mit Ei bestreichen, mit Kümmel bestreuen und bei 180° ca. 45 min knusprig backen.

Tipp: Wer es einfacher will, nimmt einen Blätterteig. Dazu serviert man Tsatsiki oder Kräutersauce.

Zutaten

Zutaten Teig I
100 g Dinkelmehl
10 g Germ
80 g Topfen
50 g Butter
1 Dotter
Kümmel
1 Ei
1 EL Milch
Salz

od. Zutaten Teig II
200 g Mehl
150 g Butter
1 EL Sauerrahm
200 g gekochte, passierte Erdäpfel
15 g frische Germ
1 EL Milch

Zutaten Fülle
1 kg Weißkraut
2 Zwiebel
Kümmel
1 Dotter
200 g Faschiertes
½ Becher Rahm
Salz, Pfeffer

Sauerkraut einlegen

Zutaten

ca. 5 kg frisches Kraut
(kein Frühkraut, hält nicht so gut)
1 EL Kristallzucker
einige EL Buttermilch
wenig Kümmel
60 – 80 g grobes Salz

Zubereitung

Frisches Kraut wird geputzt, der grobe Strunk heraus geschnitten und mit einem Krauthobel geschnitten. Grobes Salz,
Kristallzucker und wenig Kümmel werden vermischt. In einem
passenden Gefäß (z.B. ein großer Rumtopf) schichtet man
ca. 5 cm hoch gehobeltes Kraut, streut das vorbereitete Salz,
stampft mit einem Holzstößel das Kraut fest ein, gibt einen EL
Buttermilch darüber (Buttermilch fördert die Gärung). So fährt
man fort, bis alles Kraut verbraucht ist. Darauf legt man einige
Krautblätter und ein reines Leintuch, beschwert es mit einem
passenden Holzstück und einem schweren Stein, damit der
Saft über den Deckel steigt. Nach etwa 3 – 4 Wochen, wenn
das Kraut zu gären beginnt (vorher nicht reinschauen), wird es
geputzt. Mit einem reinen Tuch oder Schwamm wird die Flüssigkeit heraus getunkt, dann nimmt man den Stein, den Deckel
und das Tuch heraus, reinigt alles, legt wieder alles darauf, und
füllt kaltes Wasser dazu. Das Kraut muss jede Woche gereinigt
werden. Beim Herausnehmen von Kraut ist zu beachten, dass
man es sehr gleichmäßig abkratzt, damit keine Lücken entstehen, dies würde eine frühe Fäulnis bewirken.

*Ich weiß von vielen Erzählungen, dass in unserer ländlichen
Gegend zu Mittag immer ein Topf mit Sauerkraut auf dem Tisch
stand.*

*Früher wurde fast in jedem Haus Kraut eingehobelt. Für die Kin-
der war es lustig, wenn sie barfuss im 50 l Fass herumstampften
und das Kraut eintreten mussten (Voraussetzung waren saubere
Füße).*

Das Grua Kraut
(Grubenkraut)

Eine uralte Art der Konservierung von Kraut war das Einlegen von Kraut in eine tiefe Grube. Das im Spätherbst geerntete Kraut wurde gereinigt, einige Minuten in großen Kesseln gekocht, und dann in großen Erdgruben, die mit Holz ausgekleidet und mit Stroh ausgelegt waren, eingeschlichtet. Mit einem Holzbrett abgedeckt und mit Stroh bedeckt. Nach 5 Monaten ist das Kraut essfertig, ohne jeglichen Zusatz. Das Kraut ist milder als das Sauerkraut. Gut abgedichtet in der Grube, bleibt es jahrelang genießbar.

Man hat mir erzählt, dass bei uns im oberen Waldviertel in manchen Dörfern einige Haushalte eine Gemeinschaftsgrube hatten. Nach dem Aushub für eine Scheune fand man vor einigen Jahren noch eine Grube gefüllt mit Kraut.

Des und dos

Halmrüben

Zutaten

1 kg Rüben
40 g Fett
40 g Mehl
1 Stk. Würfel Zucker
Essig
etwas Kümmel
Salz, Pfeffer

Zubereitung

Rüben blättrig schneiden, mit Salz, Kümmel und Wasser aufstellen und weich kochen. Dann aus Fett und Mehl eine lichte, dicke Einbrenn bereiten, diese mit dem Rübenwasser aufgießen, alles durchrühren und unter die gekochten Rüben mengen. Mit Essig, etwas Zucker, Salz und Pfeffer abschmecken.

Tipp: Die sauren Rüben schmecken sehr gut zu Fleisch oder Grammelknödel.

Diese Rübenart wurde früher erst nach der Kornernte angebaut und im späteren Herbst konnte man sie ernten. Halmrüben sind ein gutes Wintergemüse.

Dinkelbrot mit Nüssen

Zutaten

Diese Masse reicht für 4
kleinere Wecken von ca. 500 g.

750 g Dinkelmehl
250 g Roggen-Vollmehl
1 Pkg. Germ
150 g Sauerteig
(Zutaten siehe S. 156)
½ l lauwarme Buttermilch
ca. ¹⁄₁₆ l lauwarmes Wasser
2 EL Joghurt, 1 Prise Zucker
1 gestrichener EL Meersalz
gemahlener Koreander
Kümmel, Anis
od. Brotgewürze nach Wahl
150 g Walnüsse

Zubereitung

Dinkel und Roggenmehl in eine Schüssel mischen, Germ in lauwarmen Wasser auflösen, mit Zucker und Mehl verrühren. Zugedeckt 15 min gehen lassen. Dann alle Zutaten gut verkneten. Bei Bedarf noch lauwarmes Wasser oder Mehl dazu geben. Teig soll feucht sein. Den Teig zugedeckt 2 Stunden im kühlen Raum gehen lassen.

Backbleche dünn mit Öl bestreichen, Teig nochmals gut durchkneten, 4 Wecken formen und auf 2 Bleche legen. Zugedeckt 30 min gehen lassen. Rohr auf 200° Heißluft vorheizen, Backrohr mit Wasser ausspritzen, und ein kleines Reinderl mit Wasser ins Rohr stellen. Brotwecken mit Wasser bestreichen, mit Mehl bestauben, auf 1 + 4 Ebene 45 min bei 200° backen. Temperatur auf 180° zurück schalten und noch 20 min fertig backen. Das Brot auf ein Kuchengitter zum Abkühlen geben.
(Rezept Sauerteig siehe S. 156)

Hasenöhrl

Zubereitung

Butter mit Mehl abbröseln, mit den übrigen Zutaten vermischen. Diesen Teig solange abschlagen, bis er Blasen macht, eine Stunde kühl rasten lassen. Danach messerrückenstark auswalken, Dreiecke oder breitere Streifen ausradeln und in heißem Fett backen

Zutaten

320 g glattes Mehl
200 g Butter
3 Dotter
Salz
1/16 l Milch
1/16 l Weißwein
Fett zum Ausbacken

Schobnblattln

Zubereitung

Aus Mehl, Wasser und Salz einen Teig abkneten, zu dünnen Fladen ausrollen und nach dem Brotbacken mit der Brotschaufel in den Backofen gegeben, knusprig hell backen.

Schobnlattln kann man sowohl aus Weizen-als auch aus Roggenmehl zubereiten.

Schobnlattln kann man aber auch im Backrohr, auf dem Backblech knusprig backen.

Schobnblattln wurden frisch gegessen, oder getrocknet. Die getrockneten Blattln wurden in Salzwasser kurz gekocht, dann in Butter geschwenkt, mit Mohn und Zucker gegessen, oder nur gesalzen und mit „abgeschmalzenen" Erdäpfeln gegessen.

Nach dem Brotbacken wurde Roggenmehl in den Backofen gestellt zum „linden" = rösten ohne Fett. Dadurch hatte man das gelindete Mehl gleich zur Hand, gab nur mehr Fett in die Pfanne, Mehl dazu und hatte die „Einbrenn" fertig.

Zutaten

ca. 300 g glattes Mehl
160 g lauwarmes Wasser
Salz

Gluatnudln

Zutaten

(siehe Wetzsteine, S. 62)

Zubereitung

Aus Brotteig kleine Stoppeln oder Nudeln formen, und noch bevor das richtige Brot in den Backofen geschoben wird, die Glut zur Seite schieben und die Nudeln zum Backen einlegen.

Salzmandeln

Zutaten

400 g ungeschälte Mandeln
1 Eiklar
2 TL Salz

Zubereitung

Eiklar mit Salz vermischen, die Mandeln darin gut durchziehen. Ein Backblech mit Backpapier auslegen, die Mandeln darauf verteilen und im vorgeheizten Rohr bei 170–180° ca. 12–15 min backen. Probieren, sie sollen knusprig sein.

Wetzsteine

Zutaten

300 g Roggenmehl
60 g glattes Mehl
12 g Germ
½ Ei
Kümmel
15 g Fett
Milch
Salz

Zubereitung

Aus den Zutaten mit Milch rasch einen mittelfesten Teig zubereiten, ohne ihn abzuschlagen, aufgehen lassen, soviel Milch dazu rühren, dass man fingerdicke Nudeln formen kann und diese in heißem Fett knusprig backen. Wer es nicht fett haben will nimmt die Variante Backen im Rohr.

oder:

Die Wetzsteine gut befeuchten, mit grobem Salz bestreuen, auf ein mit Backpapier ausgelegtes befeuchtetes Backblech legen, in das gut vorgeheizte Backrohr schieben und bei 200° Heißluft ca. 15 min backen. Zusätzlich in das Backrohr ein Reinderl mit Wasser stellen.

Kirchtog's Scheibn
(ähnlich Langos)

Zubereitung

Alle Zutaten zusammen mischen, gut abschlagen, der Teig sollte eher fest sein. 30 min rasten lassen. Dann sehr dünne Fladen formen und im heißen Öl knusprig backen.

Knoblauch schälen, durch die Knoblauchpresse drücken und mit Wasser vermischen. Die fertig gebackenen Scheiben mit diesem Knoblauch-Wassergemisch bestreichen und servieren.

Zutaten

400 g glattes Mehl
1 Packerl Germ
1 Prise Zucker
2 EL Öl
⅛ l Milch
⅛ l Wasser
einige Knoblauchzehen
Salz

Zum Backen
Öl

Schinkenkipferl aus
Erdäpfelteig mit Germ

Zubereitung

Butter mit Mehl abbröseln. Germ in 1 EL Milch auflösen und mit den gekochten, durchgepressten, abgekühlten Erdäpfeln zu einem Teig vermischen, diesen 1 Stunde rasten lassen.

In der Zwischenzeit Schinken fein schneiden oder faschieren, mit Petersilie, Dotter und Crème fraîche verrühren.

Den aufgegangenen Teig ausgewalkt in Vierecke schneiden, mit Schinkenfülle belegen und zu Kipferl formen. Mit Eiklar bestreichen und ev. mit Salz und Kümmel bestreuen. Nochmals an einem mäßig warmen Ort 20 min aufgehen lassen. Im heißen Rohr bei 180° ca. 25 min backen

Zutaten

100 g Butter
100 g glattes Mehl
100 g gekochte,
passierte Erdäpfel
1 Ei
15 g Germ
1 EL Milch
Salz

Zutaten Fülle
250 g Schinken
od. Selchfleisch
1 TL Petersilie gehackt
1 TL Crème fraîche
1 Dotter

Schinken-Kipferl aus Topfenteig

Zutaten

250 g Topfen
200 g Butter
1 EL Sauerrahm
1 Eidotter
250 g glattes Mehl

Zutaten Fülle

300 g Schinken
od. Geselchtes
Petersilie
1 Ei
2 EL Sauerrahm
Salz, Pfeffer

Zum Bestreichen

1 Dotter

Zubereitung

Butter mit Mehl abbröseln, Topfen, Rahm, Dotter und eine Prise Salz dazumischen, kurz kneten und ½ Stunde kühl rasten lassen. Dann den Teig ausrollen, vom Rand her zur Mitte einschlagen und wieder ausrollen und einschlagen. Diesen Arbeitsgang sollte man mindestens zwei Mal wiederholen. Der Teig sollte dazwischen ½ Stunde rasten.

In der Zwischenzeit die Fülle zubereiten und zwar: Schinken fein hacken oder faschieren, Gewürze, Rahm und Ei dazugeben. Backblech mit Backpapier auslegen, Teig ausrollen, Rechtecke schneiden, die Ränder mit Ei bestreichen, mit Fülle belegen und zu Kipferl formen. Diese mit zerschlagenem Ei bestreichen und im Rohr bei 180° 25 – 30 min backen.

Tipp: Dieser Teig eignet sich auch für diverse süße Füllungen wie Topfen, Marmelade usw. Die Kipferl kann man auch vor dem Backen einfrieren und bei Bedarf frisch backen.

Man kann auch zum Füllen Schinken und Käse nehmen. Ich überkoche dafür immer ein Geselchtes und faschiere es.

Polsterzipfe

Zutaten

280 g Mehl, 100 g Butter
mehr als ⅛ l Sauerrahm
3 Dotter, 10 g Zucker
1 EL Rum
1 kl. Msp. Backpulver
Staubzucker, Salz

Zubereitung

Zutaten zu einem Teig verarbeiten, auswalken, beide Breitseiten zur Mitte schlagen, sodass sie sich berühren, dann das auf dem Teig liegende Mehl abwischen, beide Längsseiten genauso darüber schlagen. Danach den Teig ½ Stunde kühl rasten lassen. Anschließend den Teig ca. 3 mm stark ausrollen. Vierecke oder Dreiecke radeln und in heißem Fett backen.

Schinkenbuchteln

Zubereitung

Aus den Zutaten ein Dampfl zubereiten, 15 min an einem warmen Ort zum Aufgehen stellen.

Schinken klein schneiden, mit Sauerrahm vermischen.

Weiche Butter mit den Dottern und dem Ei gut verrühren, dann die passierten Erdäpfel, Mehl, Rahm, Salz und das Dampfl dazugeben. Den Teig gut abschlagen, zugedeckt an einem warmen Ort zum Aufgehen stellen. Dann ca. 2 cm stark ausrollen, Kreise ausstechen, mit wenig Fülle belegen und verschließen. Durch zerlassene Butter ziehen, in die vorbereitete Form geben, nochmals gut aufgehen lassen und dann im vorgeheizten Rohr bei 180° ca. 40 – 45 min backen.

Tipp: Die Buchteln eignen sich gut für eine deftige Jause.

Zutaten

100 g gekochte
passierte Erdäpfel
300 g Mehl glatt
6 EL Rahm
40 g Butter
3 Dotter
1 Ei
Salz

Zutaten Dampfl
20 g Germ
2 EL Milch
1 EL Mehl

Zutaten Fülle
100 g Schinken,
fein geschnitten
1 EL Sauerrahm

Zum Durchziehen
u. Ausfetten
100 g Butter

Kornmehlsterz

Zutaten

400 g Roggenmehl
¼ l Wasser
ca. 100 g Speck
Salz

Zubereitung

Mehl unter Öfteren Umrühren ohne Fett am Ofen bräunen. Hierauf das Wasser darüber gießen und im Rohr oder auf kleiner Flamme ausdünsten. Den Sterz so zergabeln, dass ganz kleine Stückchen entstehen. Den Speck in kleine Würfel schneiden, anrösten und unter den Sterz rühren.

Tipp: Man kann den Sterz zu Suppe oder Salat essen.

Erdäpfel-Strudel ohne Fleisch

Zutaten

Zutaten Strudelteig
300 g Mehl griffig
150 g Butter
1 Dotter
1 EL Sauerrahm
Wein od. Mineralwasser

Zutaten Fülle
120 g Butter
2 Dotter, 2 ganze Eier
320 g gekochte,dünnblättrig
geschnittene Erdäpfel
1 TL gehackte Petersilie
2 Knoblauchzehen
⅛ l Sauerrahm
2 EL Grieß
1 Zwiebel
Pfeffer, Salz

Zubereitung Strudelteig

Butter mit Mehl gut abbröseln, die übrigen Zutaten hinein arbeiten, den Teig ½ Stunde kühl rasten lassen. Danach auswalken und füllen.

Zubereitung Fülle

In die abgetriebene Butter nach und nach die Eier einrühren, die Erdäpfel, geschnittenen Zwiebel, Knoblauch und den Sauerrahm unterheben, mit Salz, Pfeffer und Muskat kräftig würzen. Die Masse auf den ausgewalkten Strudelteig streichen, Grieß darüber streuen und den Strudel einrollen. Mit zerschlagenem Ei und flüssiger Butter bestreichen und im vorgeheizten Rohr bei 160° backen.

Gemüsestrudel

Zubereitung Strudelteig

Germ in 1 EL lauwarmer Milch auflösen. Die kalte Butter mit dem Reibeisen in das Mehl reiben, abbröseln und mit den Erdäpfeln, der Germ, Muskat und Salz zu einem Teig abkneten. ½ Stunde rasten lassen, den Teig ausrollen und wie ein Tuch zusammenschlagen. Diesen Vorgang einige Male wiederholen.

Zubereitung Fülle

Zwiebel fein hacken, mit wenig Öl in einer Pfanne andünsten, geschnittenen Knoblauch dazugeben, das blättrig geschnittene Gemüse mitdünsten, mit ganz wenig Wasser aufgießen und bissfest dünsten. Dann mit den Gewürzen, Käse, Sauerrahm, den durchgepressten Erdäpfeln, Sojasauce und dem Ei abschmecken.

Erdäpfelteig dünn ausrollen, mit der Gemüsefülle bestreichen, einrollen und auf ein mit Backpapier ausgelegtes Backblech legen. Mit zerschlagenem Ei bestreichen und bei 180–190° ca. 45 min backen.

Zutaten

½ Zwiebel
1 TL Öl
2 Karotten
1 kl. Stk. Karfiol
Erbsen
Gemüse nach Geschmack
1 Knoblauchzehe
ca. 100 g Pizzakäse
1 EL Sauerrahm
2 gekochte,
durchgepresste Erdäpfel
50 g Parmesan gerieben
1 Ei
Kräutersalz
Sojasauce

Zutaten Strudelteig

250 g gekochte,
passierte Erdäpfel
250 g Mehl
200 g Butter
20 g Germ
1 EL Milch
1 Prise Muskat
Salz

Zum Bestreichen

1 Ei

Eierschwammerl-Strudel

Zutaten

350 g Eierschwammerl
250 g Hühnerfarce
(200 g Hühnerbrust roh, ohne
Knochen, mit ¼ l sehr kaltem
Obers im Cutter fein gehackt)
40 g Grieß
30 g Zwiebel
50 g Butter
1 EL Petersilie gehackt
1 Erdäpfel- od. Strudelteig
Butter
Salz, Pfeffer

Zubereitung

Kleingeschnittene Zwiebel in Butter glasig anrösten, die geputzten Eierschwammerl beigeben, kurz rösten, Grieß einrühren, würzen und kalt stellen (austretende Flüssigkeit abgießen). Farce, Schwammerl und Petersilie vermischen. Den Strudelteig dünn ausziehen, mit der Butter beträufeln, die Masse auf ⅔ des Teiges aufstreichen und straff einrollen, mit Butter bestreichen. Auf ein Backblech legen und im Rohr bei starker Hitze braun backen.

Brennesselspinat

Zutaten

200 g frische
Brennesselblätter
30 g Mehl
40 g Butter
etwas mehr als ¼ l Milch
Muskatnuss, gemahlen
1 kl. Zwiebel
1 Knoblauchzehe
Salz, Pfeffer

Zubereitung

Frisch gepflückte junge Brennesselblätter sehr gut waschen, in kochendes Wasser einlegen und nur einige min kochen, abseihen, mit kaltem Wasser überspülen und ausdrücken. Kleingeschnittene Zwiebel und Knoblauch in Butter kurz anrösten, mit Mehl eine lichte Einbrenn bereiten, diese mit Milch aufgießen. Gut verkochen lassen und Spinat hinzu geben. Im Mixglas den Spinat sehr fein aufmixen, mit Salz, Muskat und Pfeffer würzen.

Meine Familie will nur mehr den Brennesselspinat essen.

Kindskoch

Zubereitung

Aus Butterschmalz und Mehl bereitet man eine helle Einbrenn, gießt mit Milch auf, lässt den Brei unter ständigem Rühren auf kleiner Flamme kurz einkochen und verfeinert mit 1 TL Zucker.

Zutaten

30 g Butterschmalz
30 g glattes Mehl
etwas weniger als ¼ l Milch
1 TL Zucker

Kürbisgulasch

Zubereitung

Zwiebel fein schneiden, in Öl goldbraun anrösten, gehackten Knoblauch dazugeben. Kürbis wenn nötig schälen, in größere Würfel schneiden, mitrösten. Paprikapulver und Chillipasta dazugeben, mit Suppe aufgießen mit den Gewürzen würzen und 10 min bissfest dünsten. Gurkerl klein schneiden und untermischen. Maizena mit Obers und 1 EL Wasser verrühren, das Gulasch damit binden. Wenn nötig noch nachwürzen.

Zutaten

500 g Kürbis
3 Knoblauchzehen
250 g Zwiebel
1 EL Paprikapulver
1 Msp. Chillipasta
¾ lt. Gemüsebrühe
2 Essiggurkerl
2 EL Rapsöl
1 EL Obers
1 EL Maizena
Kümmel
Majoran
Ingwer nach Geschmack
Salz

Erdäpfl

No vor zwoa Jåhrzehnt'n håb'n de Leut mit da Hånd Erdäpfl klaubt. Ålle håb'n mithelf'n müass'n, a de Kinda. Wånn de Årbeit fertig wår, is des Tauschat (Kraut) auzund'n word'n und de Kinda håb'n Edäpfl auf'n Feuer bråt'n, do wårn's doppelt so guat.

Für des, dass de Knoll'n erst im 19. Jåhrhundert in unsa Landl ei'gführt word'n san, gibt's selt'n a Pflanz'n vo' dera mehr Speis'n in de Kochbüachln und in de Köpf da Leut festg'håltn san. Schmårr'n, Knödln, Strudln, Krapferln, Brot, Supp'n, Gulasch – und, und, und.

In da Kriegszeit wår'n de Grundbeen lebensrettend. De Leut wa'n vahungert ohne Erpfi. So månche Pendluhr is beim Hamsterngeh' geg'n Erpfi ei'tauscht word'n. De Phantasie der Köchinnen wår unbeschreiblich und sogår Erpfikas håt ma draus g'måcht. De Kloahäusla åm Lånd håb'n den Bauern bei da Ernte g'holf'n und håb'n sich dafür oa Roal Kartoffln anbaun derf'n.

Für dafrorne Zechan håt ma Erpflschäla g'nomma und damit a Fuaßbåd g'richt. Stärkemehl is übrigblieb'n beim g'rissnan Knödlmåch'n und in de mågern Zeit'n håt ma desstått an Mehl oda an Puddingpulva vawendt. Hoaße, presste Erpfi in a Tüachl geb'n und bei Hålsweh aufg'legt, håt a g'holf'n.

A göttliches Geschenk de Kartoffel und für an guat'n Erpfisalåt zum Schnitzl gib i ålle Köstlichkeit'n da Welt her.

Eingebrannte Erdäpfel

Zubereitung

Erdäpfel nicht zu weich kochen, schälen und in stärkere Scheiben schneiden. Fett erhitzen, Mehl dazu geben und eine helle Einbrenn zubereiten. Diese mit Wasser oder Suppe aufgießen, mit der Schneerute gut verrühren, sodass sich keine Klumpen bilden. Mit Lorbeerblatt, Thymian, Salz, Pfeffer und Muskat würzen und einige min einkochen lassen. Gurkerl blättrig schneiden und mit den Erdäpfeln, Senf und dem Gurkerlessig in die Sauce geben. Nochmals 10 min ziehen lassen.

Dieses einfache Gericht wurde im Volksmund "einbrennte Hund" genannt. Man kann es sowohl als Beilage zu gekochtem Fleisch, aber auch als Hauptgericht servieren.

Zutaten

1 kg speckige Erdäpfel
3-4 mittelgroße Gurkerl
ca. ½ l Wasser
od. Rindsuppe
1 EL Schweine-
od. Butterschmalz
2 EL glattes Mehl
1 Lorbeerblatt
Thymian
Essig od. Gurkerlessig
Senf
1 Prise Muskat
Salz, Pfeffer

Erdäpfellaberl

Zubereitung

Erdäpfel kochen, schälen und kleinwürfelig schneiden oder grob zerstampfen, Zwiebel und Knoblauch klein schneiden, in wenig Fett hell anrösten, geschnittenes Selchfleisch, Salz und gehackte Petersilie, Topfen oder geriebenen Käse unter die Erdäpfel mischen, gut durchkneten. Laibchen formen, panieren, in heißem Fett backen.

Tipp: Passt gut zu Wintergemüse wie Kohl, Kraut, Rüben.

Zutaten

750 g Erdäpfel
geschnittenes Selchfleisch
od. magerer Speck
Petersilie
1 kl. Zwiebel
2 Knoblauchzehen
1 EL Topfen od.
ev. geriebener Käse
Mehl
Ei
Brösel
Fett
Salz

Erdäpfelschöberl

Zutaten

600 g gekochte Erdäpfel
400 g rohe, fein
geriebene Erdäpfel
1 kleine Zwiebel
Majoran
Petersilie
1 Knoblauchzehe geschnitten
Kümmel
ev. 300 g geselchtes Bauchfleisch, fein geschnitten
Öl zum Ausstreichen
der Pfanne
Salz, Pfeffer

Zubereitung

Erdäpfel mit der Schale kochen, schälen und durch die Erdäpfelpresse drücken. Rohe Erdäpfel schälen, mit der feinen Reibe
in eine Schüssel mit kaltem Wasser und 1 EL Essig reiben, dann
ein Küchentuch über eine Schüssel sehr locker spannen, die
geriebenen Erdäpfel mit der Flüssigkeit hineinleeren (früher
hatte man dazu einen Presssack aus groben Leinen) und gut
ausdrücken. Zwiebel fein schneiden und alle Zutaten zusammenmischen, auch die im Wasser abgesetzte Stärke und das
geschnittene Geselchte. Mit den Gewürzen abschmecken. Eine
größere Pfanne mit Öl ausstreichen, die Erdäpfelmasse maximal 2 cm hoch damit auskleiden, den Rand hochziehen und im
vorgeheizten Rohr knusprig braun backen.

Tipp: Dieses Gericht schmeckt auch ohne Speck mit Salat als
Hauptspeise.

Gebackene Erdäpfelnudeln

Zutaten

500 g mehlige Erdäpfel
mit Schale gekocht,
geschält u. passiert
200 g griffiges Weizenmehl
60 g Grieß
2 Eier
Muskat
⅛ l Obers
Salz

Zubereitung

Erdäpfel mit den übrigen Zutaten vermischen, zuerst eine
große Rolle, daraus fingerdicke, kleine Rollen formen. Eine
Backform mit Fett ausstreichen, die Rollen einlegen und
backen. Kurz vor Ende der Backzeit mit Obers übergießen und
nochmals einige min im Rohr backen.

Dillsauce-Dillerdäpfel

Zubereitung

Dillstengel in Wasser oder Suppe 10 min kochen, dann abseihen. Zwiebel und Petersilie klein schneiden, in Butter glasig andünsten. Mehl dazugeben, durchrösten, mit dem Dillsud und Obers aufgießen und 10 min einkochen. Dillspitzen fein hacken, mit Sauerrahm, den Gewürzen und der Sauce im Mixglas fein aufschlagen, mit Zitronensaft oder wenig Essig abschmecken.

Tipp: Sollten Sie Dillessig zur Verfügung haben, verbessert er den Geschmack.

Die Sauce serviert man zu gekochtem Rindfleisch oder zu Fisch. Schneidet man in die Sauce gekochte Erdäpfel, hat man ein vollständiges Gericht.

Zutaten

1 Bund Dillkraut
60 g Butter
60 g Mehl
1 Zwiebel
Petersilie
Wasser od. Suppe
Essig od. Zitronensaft
⅛ l Sauerrahm
⅛ l Obers
1 Prise Zucker
Salz, Pfeffer

Waldviertler Knödel

Zubereitung

Rohe Erdäpfel schälen, in eine mit Wasser gefüllte Schale reiben, in einem Küchentuch sehr gut auspressen, die Flüssigkeit auffangen, über die gepressten Erdäpfel gleich Rahm oder saure Milch geben und die gekochten, geriebenen Erdäpfel, Salz und die am Boden abgesetzte Stärke (ohne Wasser) untermengen. Mit nassen Händen Knödel formen, in leicht wallendem Salzwasser ca. 15–20 min kochen (je nach Größe).

Die roh geriebenen Erdäpfeln muss man rasch verarbeiten, denn sie werden schnell grau. Gibt man 1 EL Essig in das Reibwasser, bleiben die Erdäpfel heller, auch durch Zugabe von Rahm oder saurer Milch bleiben die Knödel heller.

Früher wurden die rohen Erdäpfeln vor dem Reiben geschwefelt, dadurch blieben sie auch hell.

Zutaten

1 kg rohe Erdäpfel
350 g gekochte, geriebene Erdäpfel
1–2 EL Saure Milch od. Rahm
Salz

Waldviertler Knödel
mit Stärkemehl

Zutaten

1 kg gekochte,
gepresste Erdäpfel
50 g Grieß
180–200 g Erdäpfel-
stärkemehl
1 EL Joghurt od. Sauerrahm
ev. 1–2 rohe, geriebene
Erdäpfel, gut ausgepresst
Salz

Zubereitung

Erdäpfel mit der Schale kochen, heiß durchpressen. Mit den übrigen Zutaten vermischen, mit nassen Händen Knödel formen, nochmals in Erdäpfelstärkemehl wälzen und in reichlich kochendem Wasser je nach Größe 15–20 min kochen.

Tipp: Mischt man 1–2 rohe geriebene ausgepresste Erdäpfel unter die Masse merkt man kaum einen Unterschied zu den „Echten Waldviertler Knödeln"
Diese Knödel lassen sich gut vorbereiten. Ungekocht mit Klarsichtfolie abgedeckt, oder gekocht und tiefgekühlt.

Erdäpfel-Grieß-Knödel

Zutaten

750 g gekochte,
heiß durchgepresste,
mehlige Erdäpfel
200 g Grieß
2 Eier
2 Semmeln
Fett
Salz

Zubereitung

Gekochte Erdäpfel heiß durchpressen, mit Grieß vermischen und abkühlen. Semmeln in Würfel schneiden, in Butter anrösten, mit den Eiern und Salz unter die Grießmasse mischen. Kleinere Knödel formen, in wenig Mehl wälzen und in kochendes Wasser einlegen. Ca. 15 min leicht wallend kochen.

In einer Pfanne etwas Butter leicht bräunen, die Knödel darin schwenken.

Tipp: Diese Knödel schmecken sowohl zu diversen deftigen Gerichten, als auch mit Mohn und Butter als süßer Nachtisch, oder als Einlage für dickere Suppen.

Mehlknödel

Zubereitung

Mehl mit Salz und Öl vermischen, mit kochendem Wasser übergießen, abrühren und kleinere Knödel formen. In kochendes Salzwasser einlegen und ca. 15 min leicht wallend kochen.

Diese eher trockenen Knödel wurden zu Schweinsbraten oder auch zu fetterem Geselchten gegessen.

Zutaten

360 g griffiges Mehl
1 EL Öl
ca. 2 ½ Schöpfer
kochendes Wasser
Salz

Brandteigkroketten

Zubereitung

Erdäpfel kochen, schälen, durchpressen. Wasser mit Butter und Salz aufkochen, das Mehl einrühren und so lange rühren, bis sich die Masse vom Topf löst. Den Teig in eine Rührschüssel geben, etwas abkühlen lassen, dann nach und nach zuerst die Eier, anschließend die durchpassierten Erdäpfel und das Salz einrühren. Die Masse in einen Spritzsack füllen und kurze Stücke ins heiße Fett drücken. Bei mittlerer Hitze braun backen. Herausnehmen, auf Küchenpapier abtropfen lassen.

Tipp: Die Kroketten sind eine gute Beilage zu diversen Fleischgerichten.

Zutaten

¼ l Wasser
20 g Butter
150 g glattes Mehl
2 Eier
350 g gekochte,
mehlige Erdäpfel
Fett

Polenta

Zutaten

600 ml Milch
50 g Butter
Muskat
180 g Polentagrieß
100 g geriebener Parmesan
2 Eidotter
Butter
Salz, Pfeffer

Zubereitung

Milch mit Butter, Salz und Pfeffer aufkochen. Unter ständigem Rühren Polentagrieß einrieseln lassen, einige min auf kleiner Flamme kochen, vom Feuer nehmen. Die Hälfte vom Parmesan und die Dotter einrühren, zugedeckt auskühlen. Ein Backblech mit Butter bestreichen, die Masse aufstreichen, mit dem restlichen Parmesan bestreuen und bei 180° ca. 15 min backen oder bei 220° kurz gratinieren.

Zitronenreis

Zutaten

80 g Langkornreis
10 g Butter
1 kl. Zwiebel
2 dl Wasser od. Suppe
Zitronen- od. Limettenzesten
1 Chillischote
2 EL Obers
Salz

Zubereitung

Butter schmelzen, geschnittene Zwiebel und Reis darin glasig anlaufen lassen, kurz durchrösten, mit Wasser oder Suppe aufgießen, salzen. Zugedeckt aufkochen lassen, dann auf kleinster Stufe ausdünsten. Ungespritzte Zitrone oder Limette heiß waschen, einige Zesten abschneiden und mit einer kleinen Scheibe einer Chillischote unter den Reis geben. Obers einrühren.

Erbsenpüree

//

Zubereitung

Erbsen ausklauben, über Nacht in kaltem Wasser einweichen. Zwiebel fein schneiden, in Butter anrösten, mit den Erbsen und Gewürzen im Wasser weich kochen. Gewürze entfernen, Masse passieren. Aus Fett und Mehl eine lichte Einbrenn herstellen und zum Erbsenbrei geben, nochmals aufkochen, mit Milch oder Obers aufgießen und abschmecken.

Zutaten

ca. 200 g getrocknete Erbsen
50 g Fett
30 g glattes Mehl
¼ l Milch od. Obers
1 Zwiebel
Neugewürzkörner
Pfefferkörner
Salz

Erdäpfel-Maroni Kroketten

//

Zubereitung

Erdäpfel mit der Schale kochen, heiß passieren. Die Maroni in Wasser legen, an der bauchigen Seite einschneiden und im Rohr 20 min braten, schälen. Sollten sie noch nicht weich genug sein, in etwas Wasser oder Milch weich kochen. Maroni auch passieren. Erdäpfel und Maroni mischen, mit Salz, Pfeffer und Muskat würzen. Noch ganz wenig Milch einrühren. Den Backofen auf 200° Oberhitze vorheizen. Die Erdäpfelmasse in einen Spritzsack füllen und kleine Häufchen auf das Backblech spritzen. Anschließend mit dem Ei-Milch Gemisch bestreichen und im Ofen goldbraun backen.

Zutaten

350 g mehlige
Erdäpfel gekocht
150 g Maroni
(Maronipürree)
20 g Butter
1 Msp. Muskat
1 EL Milch
1 Eidotter
Salz, Pfeffer

G'füllte Nauscherl
mit Erdbeertrutscherl

Rebalsterz und Grieaßschmårr'n

Da Lois-Onkel is jå de mehra Zeit a mögats Maunnsbild, nur wånn's ums Ess'n geht, kaunn er schia zwieda sei'. Jed'n Tåg solls a Fleisch geb'n, b'sonders a Schweinsbratl und Erpfiknödl, dånn zur Jaus'n a G'selchts und a Bier. Måcht de Rosi-Tant wås Süaß, dånn hängt da Haussegen schief. "An Fenstaputza gibt's" keppelt er, wånns an Grieaßschmårrn gibt. "Da krieag i jå Hålskråtzen, des hålt i net aus, bring ma a Schmålzbrot".

Eh gånz selt'n kocht de Rosi an Rebalsterz, åber dånn protzmäult er: "G'schwind hängst den Herrgottswinkl zua, dass den Herrgott net vastaubt".

Sie moant's eahm ja nur guat wånn's sågt: "Loisl denk an dei Cholesterin und an dein Bauch"

"Geh', hör ma auf" motschkat er, "De füllig'n Leut san friedlich, ehrlich und g'scheit. Scho' in da ålt'n Antike håt Oana g'sågt – "Låssts dicke Männer um mich sein".

"Nau, nau", sågt sie, "g'scheit, friedlich und ehrlich kånn ma ja heutzingtågs vo månche Politika net såg'n, eher scho streitsüchtig und korrupt."

Da Loisl stellt fest, dass Ausnåhmen de Regel bestätigen. "Schau Loisl, du brauchst mehr Vitamine, heut håst wieder dein Salåt net g'ess'n. "Ja bi i denn a Kuah, dass d'ma du a greans Futta åm Tisch stellst?"
A åltes Sprichwort sågt: "Essen hålt' Leib und Seel z'såmm".

"Jå, åber net de ledige Fett'n und sauf'n wia a Stier, des is für dei Seel'a net guat."

"A so, nochan såg' i da no wås: Lustig g'lebt und heilig g'storb'n, is den Teufi d'Hetz vadorb'n und für's heilig sein håb'i nu a Weil Zeit, wånn ma du net Rebalsterz und Grieaßschmårr'n servierst!
Punktum!"

Erdäpfel- oder Rebalsterz

Zubereitung

Mehlige, gekochte Erdäpfel heiß durch die Erdäpfelpresse drücken, mit Mehl, Salz und Muskat gut abbröseln (wie man einen Streusel herstellt). Die Masse sollte grießig trocken sein, nicht klumpen. In eine lange Fleischpfanne 2 EL Butterschmalz oder Schmalz geben, die Masse hinein füllen und im Rohr ausdünsten. Der Sterz soll eine knusprige Kruste haben.

Tipp: Sehr gut schmeckt der Sterz, mischt man gebratene, klein geschnittene Speckstücke darunter. Früher wurden heiße Grammeln über den Sterz gegeben - er schmeckt aber auch mit wenig Fett gut.

Mit Salat servieren.

Zutaten

1 kg gekochte, mehlige Erdäpfel
300 g glattes Mehl
Muskat
Schmalz od. Butterschmalz
Salz

Rebalsterz mit Grieß und Äpfeln

Zubereitung

Eine passende Auflaufform mit Fett gut ausstreichen. Die gekochten, geriebenen Erdäpfel mit dem Grieß gut abbröseln und salzen. Diese Masse in die ausgefettete Form füllen und im Rohr ca. 15 min backen. In der Zwischenzeit Äpfel schälen, blättrig schneiden, unter den vorgebackenen Sterz rühren und fertig backen. Wenn nötig mit etwas heißer Milch aufgießen. Der Sterz soll schön locker sein.

Zutaten

600 g gekochte, durchgepresste Erdäpfel
200 g Grieß
3 mittlere Äpfel
40–50 g Fett
ev. Milch
Salz

Eierschwammerlsterz

Zutaten

400 g Eierschwammerl
1 kl. Zwiebel
1 Knoblauchzehe
1 EL Butterschmalz
2 Eier
1 EL Grieß
gehackte Petersilie
Salz, Pfeffer

Zubereitung

Eierschwammerl gut putzen, wenn möglich wenig waschen, große Schwammerl durchschneiden. Kleingeschnittene Zwiebel in Butterschmalz glasig anrösten, die geschnittene Knoblauchzehe und die Schwammerl dazu geben, kräftig anrösten, Grieß einstreuen und zugedeckt einige min ausdünsten. Ist das von den Schwammerln ausgetretene Wasser verkocht, Eier einschlagen, mit Salz, Pfeffer würzen, Petersilie darüber streuen

Topfen-Erdäpfelnudeln mit Parmesan

Zutaten

250 g gekochte u. passierte mehlige Erdäpfeln
80 g Universalmehl
40 g Maizena
2 Eidotter
20 g handwarme Butter
1 EL Crème fraîche
100 g Topfen
1 EL Butter
geriebener Parmesan
einige Salbeiblätter
Salz

Zubereitung

Die gekochten Erdäpfeln heiß durchpressen, mit allen übrigen Zutaten vermischen, Nudeln formen und diese in leicht wallendem Wasser 5 min kochen. Mit einem Siebschöpfer herausnehmen. Die Butter in einer Pfanne aufschäumen, Salbeiblätter zufügen und mitrösten. Die gekochten Nudeln dazugeben, durchschwenken und mit Parmesan servieren.

Topfenknödel gefüllt

Zubereitung

Alle Zutaten verrühren und mindestens ½ Stunde kühl rasten lassen. Mit nassen Händen Knödel formen (der Teig ist eher weich). Will man die Knödel mit Obst füllen, benötigt man etwas mehr Mehl. In leicht wallendem Wasser ca. 8–10 min ziehen lassen. In der Zwischenzeit in einer Pfanne 1 EL Zucker hellbraun schmelzen, 1 EL Butter dazugeben, kurz verrühren, 2 EL Brösel dazugeben, durchrösten.

Die gekochten Knödel abtropfen lassen und in den Bröseln wälzen.

Tipp: Es ist ratsam, einen Probeknödel zu kochen. Ist der Teig zu fest, noch etwas Öl dazugeben, ist der Teig zu weich, etwas Grieß oder Mehl beifügen.

Sehr gut schmeckt dazu karamellisiertes Obst: Dazu in einem Topf 1 EL Zucker hellbraun schmelzen, dann das Obst dazu geben. Kurz durchschwenken, den Topf vom Feuer nehmen und das Obst zugedeckt 10 min ziehen lassen.

Zutaten

¼ kg Topfen
1 Ei
2 EL Öl
60 g Mehl
43 g Grieß
(Mehl u. Grieß wiege ich nicht ab. Ich habe eine einfache Regel: 2 Handvoll Mehl, 2 kleinere Handvoll Grieß)
1 Prise Salz

Zutaten Fülle
Obst nach Wahl
(z.B. Marillen, Erdbeeren od. Zwetschken)

Topfentorte

Zutaten

Zutaten Mürbteig
(für eine Tortenform mit
26–27 cm Durchmesser)

300 g Mehl
200 g Butter
100 g Zucker
1 Dotter
Saft ½ Zitrone
Schale ½ Zitrone

Zutaten Fülle
¼ l Milch
220 g Zucker
Saft ½ Zitrone
Schale 1 Zitrone
4 Dotter
9 Blätter Gelatine
½ l Schlagobers
500 g Topfen
Vanillezucker
Staubzucker
1 Prise Salz

Zubereitung

Zubereitung Mürbteig
Mehl auf ein Arbeitsbrett geben, die kalte Butter mit der groben Reibe darauf reiben, gut abbröseln, restliche Zutaten dazugeben, kurz durchkneten und gleich in 2 Teile teilen. 2 Schablonen aus Backpapier in der Größe der Tortenform ausschneiden, je eine Teigkugel drauflegen, mit Klarsichtfolie bedecken und ausrollen, mit der Gabel einstechen. Mit der 2. Teigkugel genauso arbeiten. Die Teigplatten mindestens ½ Stunde kalt stellen. Den Ofen auf 180° vorheizen und jede Teigplatte ca. 15–20 min goldgelb backen. Danach ein Tortenblatt noch heiß mit einem scharfen Messer in 12 Tortenteile schneiden.

Zubereitung Fülle
Milch, Zucker, Salz, abgeriebene Zitronenschale und Dotter unter ständigem Rühren aufkochen, vom Herd nehmen. Die kalt eingeweichte Gelatine gut ausdrücken und in der etwas abgekühlten Milch auflösen, dabei gut verrühren, die Milch kalt stellen. Wenn sie zu erstarren beginnt, zuerst den Topfen und Zitronensaft, dann das geschlagene Obers unterrühren. Den Rand der Tortenform mit Backpapierstreifen auskleiden, den nicht aufgeschnittenen Tortenboden in die Springform legen. Die Crème einfüllen und glatt streichen. Die Torte am besten über Nacht kalt stellen. Vor dem Servieren Torte aus der Form nehmen, das Papier entfernen, den vorgeschnittenen Tortenboden darauf legen und leicht anzuckern.

Tipp: Dieses Rezept liest sich komplizierter als es ist, schmeckt aber vorzüglich, ausprobieren lohnt sich!

Topfentorte,
altes Rezept

Zutaten

6 Eier
200 g Staubzucker
120 g geschälte,
geriebene Mandeln
50 g Maizena
200 g Topfen
Saft ½ Zitrone
Schale ½ Zitrone
1 Pkg. Vanillezucker

Zubereitung

Mandeln und Maizena abmischen, ⅔ vom Staubzucker mit den Dottern sehr schaumig rühren, dann Topfen, Zitronensaft und Schale einrühren Nun Eiklar mit restlichem Zucker und Vanillezucker cremig schlagen und abwechselnd mit der Mandel-Maizena-Mischung unter die Dottermasse heben. Tortenform ausfetten, Masse einfüllen und bei 160° 50–60 min backen. Erkaltet aus der Form nehmen und leicht anzuckern .

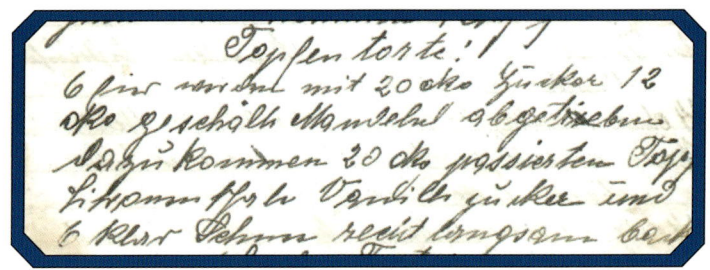

Sachertorte

Zutaten

110 g Butter
90 g Staubzucker
90 g Kristallzucker
130 g erweichte Schokolade
130 glattes Mehl
7 Eier
150 g Marillenmarmelade
Schokoglasur

Zubereitung

Schokolade im Wasserbad erweichen, mit Butter und Staubzucker schaumig rühren. Die Dotter nach und nach einrühren, die Masse soll sehr cremig und locker sein. Eiklar mit Kristallzucker zu Schnee schlagen und abwechselnd mit dem Mehl unter den Abtrieb heben.

Den Boden einer Tortenform mit Backpapier auslegen, den Rand ausfetten und mit Mehl ausstauben, die Masse einfüllen, etwas nach außen streichen und im vorgeheizten Rohr bei 165–170° ca. 1 Stunde backen. Torte auskühlen lassen, aus der Form lösen, waagrecht durchschneiden. Mit Marmelade, auch oben und seitlich, dünn bestreichen, zusammensetzen und mit Schokoglasur glasieren.

Meine Mutter hat mit dieser Torte schon vor 50 Jahren ihre Gäste begeistert!

Linzer Torte

Zubereitung

Mehl auf die Arbeitsfläche geben, die sehr kalte Butter mit dem Reibeisen auf das Mehl reiben, gut mit dem Mehl abbröseln, die übrigen Zutaten dazugeben und rasch zu einem Teig verarbeiten. In Klarsichtfolie einpacken und im Kühlschrank 1 Stunde rasten lassen. Oder die Zutaten für den Mürbteig mit dem Knethaken rasch durcharbeiten.

Dann ⅔ des Teiges ausrollen, in die mit Backpapier ausgelegte Form legen und dünn mit Marmelade bestreichen. Aus dem restlichen Teig Rollen formen. Eine Rolle entlang des inneren Randes an den Tortenreifen leicht andrücken. Aus dem Rest Rollen gitterförmig auf die Torte legen. Mit Eiklar bestreichen und bei 170° Heißluft ca. 45–50 min backen. Die Masse reicht für eine Tortenform mit Durchmesser von 23 cm.

Tipp: Die Torte wird nach einigen Tagen noch saftiger.

Zutaten

100 g Mehl
210 g Butter
210 g geröstete, unge-
schälte, geriebene Mandeln
(ich nehme Mandeln
Nüsse sind fetter)
100 g Zucker
1 Msp. Zimtpulver
1 Msp. Nelkenpulver
2 Dotter
ev. 2 Tropfen Bittermandelöl
Zitronenzesten
pikante Marmelade
z.B. Brombeere od.
schwarze Ribisel
1 Eiklar

Mohntorte

Zutaten

100 g Butter
150 g Zucker
140 g Mohn gemahlen
5 Eier
Zimt
Vanillezucker
Schale 1 Zitrone
1 Msp. Backpulver

Zutaten Glasur

200 g Preiselbeer- od.
Ribiselmarmelade
4 Blatt Gelatine

Zubereitung

Butter mit ⅔ vom Zucker schaumig rühren, Dotter, Zimt, Vanillezucker, Saft und Schale der Zitrone nach und nach einrühren. Eiklar mit restlichem Zucker cremig schlagen. Gemahlenen Mohn abwechselnd mit dem Eischnee unterheben. Tortenform mit Butter ausstreichen und mit Mehl ausstauben, die Masse einfüllen und im vorgeheizten Rohr bei 165–170° Heißluft ca. 45–50 min backen. Gelatine in kaltem Wasser einweichen. Gellee erwärmen, die ausgedrückte Gelatine darin auflösen, abgekühlt über die Torte streichen oder nur angezuckert mit Schlagobers servieren.

Erdäpfeltorte

Zutaten

7 Eier
250 g gemahlene Nüsse
200 g Zucker
500 g gekochte,
passierte Erdäpfel
½ Pkg. Backpulver
1 Pkg. Vanillezucker
Saft ½ Zitrone
Schale ½ Zitrone
1 ½ EL Rum
1 Msp. Zimt
Marmelade
Schokoglasur

Zubereitung

Dotter mit ⅔ vom Zucker schaumig rühren. Rum, Nüsse, Backpulver, Zimt und die gekochten, heiß durchgepressten, aber ausgekühlten, Erdäpfel unterrühren. Zum Schluss Eiklar mit restlichem Zucker cremig schlagen und unterheben. Den Boden einer Tortenform mit Backpapier auslegen, den Rand gut einfetten und mit Brösel ausstreuen. Die Masse einfüllen und bei Heißluft 175° ca. 50–60 min backen. Nach dem Erkalten durchschneiden, dünn mit Marmelade bestreichen und mit Schokoladeglasur glasieren.

Maroni-Schokolade-Torte

Zubereitung

Zubereitung Biskuit

Schokolade in Stücke brechen und im Wasserbad erweichen. Weiche Butter mit Staubzucker, Salz und erweichter Schokolade cremig rühren. Dann erst Dotter nach und nach einrühren. Eiklar mit Kristallzucker zu Schnee schlagen, ⅓ vom Eischnee unter die Dottermasse rühren, den übrigen Schnee mit dem Mehl, Backpulver und den geriebenen Mandeln abwechselnd unter die Masse heben. Den Rand einer Tortenform ausfetten und mit Mehl ausstauben, den Boden mit Backpapier auslegen, mit der Masse füllen und im vorgeheizten Rohr ca. 45 min backen. In der Form auskühlen lassen, aus der Form nehmen, Papier abziehen, wieder in die Form legen und mit folgender Crème füllen:

Zubereitung Crème

Gelatine einweichen, Kastanienreis auftauen, mit Staubzucker glatt rühren, Obers schlagen. Die eingeweichte Gelatine ausdrücken und in erhitztem Amaretto auflösen. Mit dem Schneebesen zügig unter die Maronimasse rühren. Die Hälfte des geschlagenen Obers untermischen, restliches Obers vorsichtig unterheben. Die Crème auf den Tortenboden streichen. Torte mit Frischhaltefolie abdecken und ca. 8 Stunden kalt stellen.

Zubereitung Glasur

Schokolade in Stücke brechen und mit Obers und Honig unter Rühren über Dampf schmelzen. Torte aus der Form heben, auf ein Kuchengitter stellen, mit der Glasur überziehen, nochmals ca. 2 Stunden kühl stellen.

Tipp: Man kann die Torte nach Belieben dekorieren: Entweder Maronireis mit Zucker und Rum zu Kugeln formen, oder den leicht gezuckerten Maronireis in die Knoblauchpresse geben und über die Torte pressen. Oder aus geschmolzener, weißer Schokolade mit einem Spritzsack und feiner Tülle ein Gitter auf die Torte spritzen.

Zutaten

Zutaten Biskuit
4 Eier
80 g Butter
50 g Staubzucker
50 g Kristallzucker
35 g glattes Mehl
35 g geriebene Mandeln
80 g Schokolade
1 Msp. Backpulver
1 Prise Salz

Zutaten Crème
300 g Kastanienreis
100 g Staubzucker
½ l Schlagobers
5 Blätter Gelatine
3 EL Amaretto od. Rum

Zutaten Glasur
200 g Kochschokolade
9 EL Obers
1 EL Honig

Veilchentorte

///

Zutaten

7 Eier
140 g Staubzucker
140 g geriebene Mandeln
100 g geriebene Schokolade
5 g Kakao
30 g Biskuitbrösel
Butter u. Mehl

Zutaten Crème
¼ l Schlagobers
1 EL Gelierzucker

Zutaten Dekoration
gezuckerte Veilchen
einige Tropfen rote
u. blaue Lebensmittelfarbe
weiße Glasur

Zubereitung

Dotter mit Zucker schaumig rühren und die ungeschälten, geriebenen Mandeln, Brösel, geriebene Schokolade, Kakao sowie den cremig geschlagenen Eischnee darunter heben. Die Masse in eine befettete und bemehlte Tortenform füllen und bei 160° ca. 1 Stunde backen. Nach dem Erkalten durchschneiden und mit geschlagenem, gezuckertem Schlagobers oder mit Schokoladecrème füllen. Die Torte wird mit lila Glasur überzogen und mit verzuckerten Veilchen verziert. Oder mit weißer Fondantglasur überzogen.

Tipp: Schlagobers bleibt cremig, wenn man beim Schlagen 1 EL Gelierzucker mit schlägt.

Die gezuckerten Veilchen kann man selbst herstellen. Man bestreicht die Veilchen vorsichtig mit gesponnenem Zucker und lässt sie trocknen.

Mohnnocken mit Schokosauce

///

Zutaten

100 g Butter
100 g Zucker
100 g Mohn gemahlen
50 g Schokolade gerieben
50 g ungeschälte,
geriebene Mandeln
6 Eier
1 Prise Zimt

Zubereitung

Eine Kastenform mit Butter ausstreichen und mit Kristallzucker ausstreuen. Mohn, Mandeln und Zimt vermischen. Die Butter mit 50 g Zucker und der weichen Schokolade schaumig rühren, Dotter nach und nach einrühren. Eiklar mit dem restlichen Zucker cremig schlagen. In die Dottermasse 2 Löffel vom Eischnee einrühren und dann abwechselnd das Mohngemisch mit dem Eischnee unter heben. Diese Masse in die vorbereitete Form füllen und mit Alufolie abdecken. Ein genügend hohes Gefäß oder Backblech 2 Finger hoch mit kochendem

Wasser füllen, dieses ins vorgeheizte Backrohr stellen. In dieses Wasserbad nun die Kuchenform stellen und die Masse je nach Höhe ca. 30–45 min backen. Dann beliebige Nocken ausstechen und warm mit Schokosoße und Schlagobers servieren.

Für die Form
Butter
Zucker

Brandteigkrapferl

//

Zubereitung

Milch, Zucker, Butter und Salz aufkochen, das Mehl einrühren und so lange auf kleiner Flamme kochen, bis sich der Teig vom Kochlöffel und Geschirr löst. Vom Herd nehmen, etwas abkühlen. Die Masse in die Rührschüssel der Küchenmaschine geben und die Eier einzeln einrühren. Nach jedem Ei muss der Teig glatt gerührt werden, bevor man das nächste Ei einrührt. Schließlich wird der Teig noch gut abgerührt und warm verarbeitet. Dazu die Masse in einen Spritzsack füllen. Ein Backblech mit Backpapier auslegen, kleine Krapferl aufspritzen und im vorgeheizten Rohr, das man mit Wasser befeuchtet, oder man stellt ein kleines Reinderl mit Wasser in das Backrohr, zuerst bei 200° 15 min dann auf 150° Heißluft zurückdrehen und 5–7 min fertig backen. Im abgedrehten offenen Rohr noch 5 min stehen lassen. Beim Backen soll das Rohr gut verschlossen bleiben. Sie müssen gut ausgebacken sein, sonst fallen sie zusammen. Krapferl nicht gleich in einen kühlen Raum stellen. (Backzeit kommt auf die Größe der Krapferl an.)

Zutaten
⅛ l Milch
125 g Mehl
1 TL Zucker
125 g Butter
3 große od. 4 kleine Eier
1 Prise Salz

Zutaten Füllung
¼ l Schlagobers
¼ l fertigen Vanillepudding
1 EL Vanillezucker
ev. 1 EL Gelierzucker

Zubereitung Füllung
Zum Füllen kann man entweder nur geschlagenes, eventuell leicht gesüßtes Obers oder gekochten Pudding, mit Obers gemischt, nehmen. Die gefüllten Krapferl leicht anzuckern, oder mit Schokosauce servieren.

Tipp: Schlägt man Obers mit 1 EL Gelierzucker auf, fällt dieses nicht so schnell zusammen.

Rehrücken

Zutaten

140 g Butter
120 g erweichte Schokolade
170 g Zucker
170 g ungeschälte,
geriebene Mandeln
70 g Biskuitbrösel
8 Eier

Zubereitung

Butter mit 100 g Zucker und erweichter Schokolade schaumig rühren, Dotter nach und nach einrühren, bis eine sehr cremige Masse entsteht. Eiklar mit restlichem Zucker zu Schnee schlagen, mit den Mandeln und Biskuitbröseln unter die Dottermasse heben. Eine Rehrückenform mit Backpapier auslegen, (oder gut ausgefettet und mit Mehl ausgestaubt), die Masse einfüllen und bei 150–160° Heißluft ca. 50–60 min backen. Aus der Form auf ein Kuchengitter stürzen. Nach dem Auskühlen den Rehrücken mit Marillen- oder Ribiselmarmelade bestreichen und mit Schokoglasur überziehen. Wer Lust hat, kann den glasierten Rehrücken mit gestifelten Mandeln spicken.

(Rezept Schokoglasur siehe S. 146)

Tipp: 1 ½ Massen reichen für 2 große Formen.
Der Rehrücken lässt sich sehr gut einfrieren.

Schoko-Schneekuchen

Zutaten

6 Eiklar
150 g Kristallzucker
150 g Schokolade
150 g Butter
120 g Mehl
½ P. Backpulver
1 EL Rum
1 P. Vanillezucker
1 Prise Salz.

Zubereitung

Eiklar mit Zucker, Vanillezucker und Salz sehr cremig schlagen. Schokolade in kleine Stücke brechen und im Wasserbad mit der Butter schmelzen (soll aber nicht heiß werden). Dann auskühlen lassen, mit dem Schneebesen verrühren und mit dem Mehl unter die Schneemasse heben. Das Backblech auslegen, die Masse aufstreichen und bei 170° ca. 30 min backen. Ausgekühlt in Schnitten schneiden und mit Schlagobers servieren.
Die Masse reicht für ½ Blech.

Mohr im Hemd

///

Zutaten

100 g Butter
100 g Staubzucker
100 g gemahlene,
ungeschälte Mandeln
100 g erweichte Schokolade
6 Eier
Butter
Kristallzucker
Schokosauce
Schlagobers

Zubereitung

Form gut mit Butter ausstreichen und mit Kristallzucker ausstreuen. Butter mit ⅔ vom Staubzucker schaumig rühren, erweichte, ausgekühlte Schokolade untermengen und weiter cremig rühren. Nach und nach Dotter einrühren. Eiklar mit restlichem Zucker, Salz und Vanillezucker cremig schlagen. Eischnee und Mandeln abwechselnd unter die Dottermasse heben und in die vorbereitete Form füllen. Im Wasserbad im Backrohr bei 150° zugedeckt ca. 45–60 min backen (Diese Zeitangabe ist für eine große Form). Aus der Form stürzen und mit Schokosauce und Schlagobers servieren.

Tipp: Die Masse reicht für 2 größere Formen.

Waldbeeren-Gupf

///

Zutaten

Zutaten Biskuit
6 Eier
170 g Staubzucker
1 Pkg. Vanillezucker
120 g Mehl
Saft ½ Orange

Zutaten Crème
¼ l Schlagobers
¾ l Vanillejoghurt
¼ l Joghurt 3.6%
10 Blatt Gelatine
Saft einer Orange
ca. 80–100 g Staubzucker
Waldbeeren

Zubereitung

Zubereitung Biskuit
Dotter mit ⅔ vom Zucker cremig rühren, Orangensaft unterrühren. Eiklar mit restlichem Zucker cremig schlagen. Abwechselnd Mehl und Eischnee unter die Dottermasse heben. Zwei Backbleche mit Backpapier auslegen, die Masse auf beide Bleche dünn aufstreichen und im vorgeheizten Rohr bei 170° ca. 10 min backen. Auf ein Backpapier stürzen, mit einem feuchten Tuch über das Papier streichen, dann das Papier abziehen, sehr eng einrollen und überkühlen lassen. Aufrollen und dünn mit Erdbeermarmelade bestreichen, wieder eng einrollen.

Zubereitung Crème
Gelatine in kaltem Wasser einweichen, Orange auspressen. Saft erwärmen, nicht kochen, die eingeweichte Gelatine darin

auflösen. In einer Rührschüssel Joghurt und Zucker verrühren, die aufgelöste Gelatine unterrühren, das Schlagobers schlagen und unterheben.

Eine halbkugelförmige Schüssel mit einem Durchmesser von ca. 23 cm mit Klarsichtfolie auslegen, vom Biskuit ca. 2 cm starke Scheiben abschneiden, die Schüssel damit auskleiden. ⅓ der Crème einfüllen, Waldbeeren einstreuen, wieder Crème einfüllen, mit Beeren bestreuen, wiederholen, bis die Crème aufgebraucht ist. Oben mit Rouladenstücke abdecken. Sollten keine übrig sein, mit Biskotten abdecken. Mit Folie überziehen, mit einem Teller beschweren und über Nacht kühl stellen. Vor dem Servieren auf eine Kuchenplatte stürzen, Folie abziehen. Entweder mit frischen Beeren verzieren oder tiefgekühlte Beeren mit Vanillezucker und Zitronensaft marinieren, so auftauen lassen und mit dem Gupf servieren.

Topfennocken mit Beenkoch

Zubereitung

Gelatine in kaltem Wasser einweichen, Schlagobers aufschlagen. Topfen, Joghurt und Zucker verrühren, Gelatine ausdrücken in erwärmten Zitronensaft auflösen und mit der Zitronenschale unter die Topfenmasse heben. Zum Schluss das geschlagene Obers unterheben. Mindestens 2 Stunden kühl stellen, dann Nocken ausstechen mit dem Beenkoch servieren.

Zubereitung Beenkoch

Heidelbeeren mit Zucker ohne Wasser aufkochen, Vanillepuddingpulver mit Obers verrühren und in die kochenden Heidelbeeren einrühren. Aufkochen und vom Herd nehmen. Lauwarm zu den Nocken servieren.

Getrocknete Heidelbeeren wurden gerne als Ersatz für Rosinen genommen!

Zutaten

¾ l Schlagobers
¼ l Joghurt
500 g Topfen
125 g Staubzucker
Saft ½ Bio-Zitrone
Schale ½ Bio-Zitrone
6 Blätter Gelatine

Zutaten Beenkoch

500 g Heidelbeeren
50 g Zucker
2 EL Obers
ca. 15 g Vanillepuddingpulver

Mohngugelhupf
„Waldviertler Art"

Zutaten

170 g Butter
120 g Staubzucker
30 g Kristallzucker
1 Pkg. Vanillezucker
180 g Mohn
180 g Nüsse
6 Eier
Zimt
Zitronenzesten
1 EL Rum
1 Msp. Weinsteinbackpulver
Zitronenglasur

Zubereitung

Mohn und Nüsse fein mahlen. Gugelhupfform ausfetten und mit Mehl ausstauben, Rohr auf 170° Heißluft vorheizen. Weiche Butter mit Staubzucker schaumig rühren, Dotter nach und nach einrühren. Dann Zitronenzesten, Backpulver, Rum und Zimt einrühren. Eiklar mit Kristallzucker cremig schlagen. Abwechselnd Mohn-Nussgemisch und Eischnee unter die Dottermasse heben.

Masse in die Form füllen und bei 170° ca. 60 – 70 min backen. Auf ein Kuchengitter stürzen, aus der Form nehmen und ausgekühlt mit Zitronenglasur glasieren.

oder:

Die Masse in eine Kuchenform in der Größe von 30x23 cm einfüllen und ca. 45 min bei 165 – 170° Heißluft backen. Nach dem Backen mit Zitronenglasur glasieren.

Früchtekuchen
Luises Art

Zutaten
(für 2 Kastenformen)

500 g weiche Butter
500 g Mehl
300 g Staubzucker
100 g Kristallzucker
3 Eier
6 Eiklar

Zubereitung

Früchte in Rum einlegen, zwei große Kastenformen mit Backpapier auslegen. Die weiche Butter mit dem Staubzucker schaumig rühren, dann nach und nach die ganzen Eier dazurühren. Weiter schaumig rühren und die Gewürze darunter mischen. Eiklar mit Kristallzucker cremig schlagen. Nun einen Teil des Mehls unter die Dottermasse mischen, dann die Früchte mit dem Rum dazu geben. Anschließend das restliche Mehl abwechselnd mit dem Schnee unterheben. Die Masse in die

Kastenformen einfüllen, glatt streichen und im vorgeheizten Rohr zuerst bei 150° Heißluft, nach halber Backzeit 155–160° Heißluft ca. 1 ¼ Stunden backen. Auf ein Kuchengitter stürzen, das Papier ablösen und auskühlen lassen. Gut ausgekühlt und in Klarsichtfolie eingewickelt und kühl gelagert, hält sich der Kuchen wochenlang.

Tipp: Ich sammle immer überschüssiges Eiweiß und friere es ein. Aufgetaut lässt es sich sehr gut aufschlagen.

Wichtig bei all diesen Rezepten: die Butter soll weich sein, dann lässt sie sich viel schaumiger rühren.

Je nach Jahreszeit ändere ich das Rezept ab. Im Sommer verwende ich anstatt Rum Amaretto, Zitronensaft und Zesten, sowie gehackte geschälte Mandeln, rühre in die Dottermasse Marzipan ein, gebe Zitronat, aber wenig Gewürze dazu.

150 g Rosinen
100 g Aranzini
100 g Zitronat
Zimtpulver
Nelkenpulver
1 Prise Ingwer
1 Prise Kardamom
gemahlen
1 Pkg. Vanillezucker
Rum
Schale ½ Bio-Zitrone

Kirchtagskranz

Zubereitung

Germ mit etwas lauwarmer Milch (ca. 40 ml von 125 ml), 2 TL vom Zucker und 1 EL vom Mehl zu einem Vorteig (Dampfl) rühren, mit Mehl bestauben, mit einem Tuch abdecken und an einem warmen Ort ca. 15 min gehen lassen. Die weiche, zimmerwarme Butter mit Zucker, Salz und Zitronenschale schaumig schlagen, nach und nach das Ei und die Dotter dazurühren. Zum Schluss den Vorteig, den Butterabtrieb, die restliche Milch und das restliche Mehl mit dem Knethaken solange abschlagen, bis er sich von der Schüssel löst und eine seidige, glänzende Oberfläche hat. Den Teig wieder mit Mehl bestauben und zugedeckt nochmals ca. 30 min gehen lassen. Nicht zu lange, sonst wird er grobporig.

Zubereitung Fülle
Rosinen in Rum einweichen und ca. 30 min quellen lassen. Mohn in einer trockenen Pfanne kurz anrösten und reiben. Die

Zutaten

Zutaten Teig
500 g Mehl
35 g frischer Germ
75 g Zucker
geriebene Zitronenschale
125 g weiche Butter
200 ml Milch
1 Ei
2 Dotter
1 Prise Salz

Zum Bestreichen
1 EL Milch
1 Dotter

Zutaten Fülle

50 g geriebenen Mohn
50 g grob gehackte Mandeln
50 g Rosinen
1 EL Rum
30 g frische, geriebe
Ingwerwurzel
200 g gemahlene Mandeln
100 g brauner Zucker
1 Msp. Zimtpulver
¼ TL gemahlene
Gewürznelken
⅛ l Obers
100 g Mandelblättchen

Ingwerwurzel schälen und zu den Rosinen reiben. Gemahlene und gehackte Mandeln, braunen Zucker, gerösteten Mohn, Zimt, Nelken, Schlagobers und Rosinen in einer Schüssel gut vermischen.

Teig auf einem bemehlten Backpapier zu einem Rechteck ausrollen, Fülle darauf verteilen, die Ränder mit verquirltem Ei bestreichen. Einrollen und zu einem Kreis formen. Nochmals zudecken und ca. 15 min gehen lassen. Den Kranz mit dem restlichen verquirltem Ei bestreichen, mit einem spitzem Messer in parallelen Schnitten (Schmalseite) in Kranzrichtung ca. 3 cm tief einschneiden, mit den Mandelblättchen bestreuen und im vorgeheizten Ofen bei ca.180 ° ca.40–45 min backen. Auf einem Gitter abkühlen lassen.

Topfenstrudel mürb

Zutaten

Zutaten Topfenfülle
(reicht für 2 Strudel)

400 g Topfen
80 g Butter
2 Eier
90 g Zucker
1 Pkg. Vanillezucker
1 EL Vanillepudding-
pulver (ca. 25 g)
Schale 1 Bio-Zitrone
1 EL Sauerrahm
4 Schnitten entrindetes
Toastbrot (ca. 60 g)

Zutaten Strudelteig
(siehe mürber Apfelstrudel, S. 100)

Zum Bestreichen
1 Dotter, 1 Eiklar

Zubereitung

Toastbrot in 3 EL Milch oder Wasser einweichen. Butter Zucker und Dotter schaumig rühren, Topfen kurz einrühren. Weißbrot ausdrücken, Zitronenzesten, und übrige Zutaten dazugeben, kurz durchrühren. Eiklar zu Schnee schlagen und unter die Topfenmasse heben.
Mürbteig in zwei Teile teilen, auf ein Backpapier legen, dünn ausrollen. Die Hälfte der Topfenmasse auf ⅔ des Teiges auf-streichen, einrollen und mit dem Papier so auf das Backblech legen, dass die schöne Seite oben ist, mit einer Gabel einste-chen, mit Ei bestreichen. Mit dem zweiten Teigblatt genau so arbeiten. Bei ca. 170° ca. 40 min goldgelb backen.

Tipp: Man kann aber genauso einen ausgezogenen Strudel- od. Blätterteig verarbeiten.

Apfelstrudel

Zubereitung

Semmelbrösel in Butter licht anrösten, die Hälfte davon unter die Apfelmasse mischen, den Rest auf den ausgezogenen Teig verteilen, Äpfel mit Zucker, Zimt, Rum, Zitronensaft, Rosinen und Nüssen abmischen.

Mehl, Dotter, Öl und Salz in die Rührschüssel geben und so viel lauwarmes Wasser einrühren, dass ein mittelfester Teig entsteht, diesen mit dem Knethaken gut kneten, er soll seidig glänzen. Dann den Teig in zwei Teile teilen und zu zwei Kugeln formen, jede auf der Arbeitsfläche oder in den Händen gut schleifen (rollen). Die Kugeln dünn mit Öl bestreichen, in Klarsichtfolie einrollen und im warmen Raum ½ Stunde rasten lassen. Ein großes Tuch mit Mehl bestauben, den Teig darauf rechteckig ausrollen, nochmals dünn mit Öl oder zerlassener Butter bestreichen, wieder einige min rasten lassen. Dann mit beiden bemehlten Handrücken unter den Teig greifen, gleichmäßig dünn, immer von der Mitte her, ausziehen. Man trachtet dabei immer, eine gezogene Seite über eine Tischkante zu ziehen, wobei der Teig einen gewissen Halt bekommt und dann leichter über die andere Kante gezogen wird. Die dicken Ränder weg schneiden.

Jetzt zuerst zerlassene Butter und die in Butter gerösteten Semmelbrösel und etwas Kristallzucker auf den Teig verteilen, dann die Apfelmasse schön verteilen und den Strudel mit Hilfe des Tuches straff einrollen. Mit dem Tuch auf ein mit Butter bestrichenes Blech legen, nochmals kräftig mit zerlassener Butter bestreichen, die zweite Teigkugel genauso verarbeiten und beide Strudel im vorgeheizten Rohr bei 190° ca. 30 min Heißluft backen. Dann mit Staubzucker bestreuen und lauwarm oder kalt mit Schlagobers servieren.

Tipp: Probieren Sie doch einmal den selbst gemachten Strudelteig aus.

Von den abgeschnittenen Teigresten kann man kleine Nockerl schneiden, diese in kochendes Wasser einlegen, einige min

Zutaten
(für 2 große Strudel)

300 g glattes Mehl
160 g lauwarmes Wasser
1 Dotter
2 EL Öl
1 Prise Salz

Zutaten Fülle

3 kg säuerliche,
geschälte Äpfel
in Scheiben geschnitten
Saft 1 Zitrone
¼ TL Zimt
ca. 140 g Zucker
1 Pkg. Vanillezucker
2 EL Rum
Rosinen nach Geschmack
100 g Semmelbrösel
100 g Butter
Schlagobers

kochen lassen, abseihen und entweder einfrieren, oder z. B. ins Kartoffelgulasch geben, oder man bereitet daraus „Schobnblattln". (Rezept siehe S. 61)

Apfelstrudel mürb

Zutaten

(für 3 kleinere Strudel)

350 g Mehl
250 g Butter
1 Dotter
ca. ¹⁄₁₆ l Weißwein
od. Mineralwasser
Salz

Zutaten Fülle

ca. 1 ½ kg
geschnittene Äpfel
80 g Zucker
Vanillezucker
Zimt
gehackte Nüsse
2 EL Brösel
1 EL Butter

Zum Bestreichen

1 Dotter
1 EL Wasser

Zubereitung

Butter mit Mehl abbröseln, dann Dotter und soviel Weißwein dazu geben, dass ein mittelfester Teig entsteht. Den Teig ½ Stunde rasten lassen, dann in drei Teile teilen und je ein Rechteck auswalken, zusammen schlagen und nochmals auswalken. Brösel in Butter anrösten, ein Teigblatt mit dem Teigroller auf das mit Backpapier ausgelegte Backblech geben, mit Brösel bestreuen, mit der vorbereiteten Apfelfülle füllen und einrollen, mit der Gabel einstechen. Ei mit Wasser verschlagen, den Strudel damit bestreichen. Mit dem restlichen Teig genau so arbeiten. Die Enden eindrücken und bei ca. 180° ca. 40 min hellbraun backen.

Erdäpfelstrudel süß

Zubereitung

Butter, Mehl und die geriebenen Erdäpfel abbröseln, mit den übrigen Zutaten vermischen, zu einem Teig abkneten, den man ½ Stunde kühl rasten lässt. Dann den Teig ausrollen, mit beliebiger Fülle bestreichen, zusammen schlagen, mit Ei bestreichen und mit der Gabel einstechen. Im Rohr bei 180° ca. 45 min goldbraun backen.

(Zubereitung Mohnfülle siehe S. 110)

Zutaten

300 g Mehl
250 g gekochte, geriebene, mehlige Erdäpfel
70 g Zucker
50 g Butter
1 Ei
½ Packerl Backpulver
1 EL Sauerrahm
Vanillezucker
abgeriebene Zitronenschale
Salz

Zutaten Fülle
Marmelade, Äpfel
od. Mohnfülle

Erdäpfelstrudel ausgezogen

Zubereitung

Weiche Butter mit Zucker und nach und nach den Dottern sehr schaumig rühren. Dann die geriebenen Erdäpfel und Sauerrahm unterheben. Die Eiklar mit Vanillezucker cremig schlagen. Nun den Eischnee, die geriebenen Mandeln und die Rosinen unter die Erdäpfelmasse heben.
Den Strudelteig ausrollen, die Masse bis zur Hälfte aufstreichen, durch Hochheben des Tuches den Strudel gegen die freie Teigseite einrollen. Die Teigseite dünn mit zerlassener Butter bestreichen, fertig einrollen. Mit Hilfe des Tuches den Strudel so in eine Backpfanne legen, dass die Naht nach unten kommt. Den Strudel bei 170° hell backen. Dann mit ¼ l Milch, in der man eine Vanilleschote ausziehen lässt, übergießen und weiter backen, bis die Flüssigkeit gut eingesogen ist und ein Nadelstich rein bleibt. Für den Tisch mit Vanillesauce servieren.

Tipp: Probieren Sie zu diesem Rezept einen selbst gezogenen Strudelteig!

Zutaten

100 g Butter
80 g Zucker
4 Eier
Zitronenschale
600 g gekochte Erdäpfel
¼ l Sauerrahm
60 g geschälte, geriebene Mandeln
1 EL Maizena od. Vanillepuddingpulver
60 g Rosinen
1 Pkg. Vanillezucker
Strudelteig (Zutaten siehe S. 157)
¼ l Milch
1 Vanilleschote
Salz

Milchrahmstrudel
mit Kanarienmilch

Zutaten

Zutaten Strudelteig
300 g Mehl
160 g lauwarmes Wasser
2 EL Öl
Salz
(Zubereitung siehe S. 157)

Zutaten Fülle
4 Eier
100 g Zucker
120 g Butter
4 Semmeln vom Vortag, od.
ca. 200 g Weißbrot
¼ l Sauerrahm
Saft ½ Bio-Zitrone
Schale ½ Bio-Zitrone
Rosinen nach Geschmack
¼ l Milch
Butter
Zucker
Salz

Zutaten Kanarienmilch
2 Dotter
½ l Milch
1 Vanilleschote
70 g Zucker
½ TL Vanillepuddingpulver

Zubereitung

Butter flaumig rühren, Zucker und Dotter nach und nach einrühren, Zitronensaft samt Schale und Salz, mitrühren. Weißbrot oder Semmeln dünn entrinden, in Wasser einweichen und gut ausdrücken, durch die Erdäpfelpresse drücken und mit dem Rahm und dem fest geschlagenen Eischnee unter die Dottermasse heben.

Den dünn ausgezogenen Strudelteig mit dieser Masse bestreichen, mit den Rosinen bestreuen und einrollen. Eine passende Pfanne mit Butter ausstreichen, den Strudel einlegen und auch mit zerlassener Butter bestreichen. Ist der Strudel halb gebacken, übergießt man ihn mit heißer Milch und bäckt ihn fertig.

Die Backzeit beträgt 30 min bei 200°.

Den Strudel zuckern oder mit Kanarienmilch servieren.

Zubereitung Kanarienmilch
Dotter erst alleine, dann mit heißer Milch abrühren, mit Vanillemark, Zucker und Puddingpulver über Dampf gut schaumig schlagen.

Schmerstrudel

Zutaten

(für 4 große Strudel)

600 g Schweinefilz,
roh (fasciert)
900 g glattes Mehl
3 Dotter
1 Ei
Zucker
ca. 50 ml Wein
(wenn nötig etwas mehr)
Salz

Zubereitung

Ein Drittel vom Mehl mit Salz und Fett zu einem Fettziegel verkneten.

Mit restlichem Mehl, Dottern, Ei, Salz und Zucker sowie Wein einen weichen Strudelteig kneten. Teig ausrollen, etwa dreimal so groß wie der Fettziegel ist. Fettziegel drauf legen, Teig von allen Seiten einschlagen. Bei Zimmertemperatur ca. 20 min rasten lassen.

Teig ausrollen, dreimal einschlagen, wieder rasten lassen. Den Vorgang mindestens dreimal wiederholen. Teig über Nacht rasten lassen, dann ausrollen, mit Ribiselmarmelade oder Apfelstrudelfülle füllen und bei guter Hitze ca. 30 min goldbraun backen.

Tipp: Dieser Teig eignet sich auch für diverses Kleingebäck wie „Schmer- oder Filz-Krapferl".

Großer Striezel ohne Ei

Zutaten

750 g glattes Mehl
110 g Öl
150 g Zucker
1 Pkg. Germ
knapp ½ l Milch
Vanillezucker
fein abgeriebene Zitronen-
u. Orangenschale
Rum,
Rosinen
Salz

Zubereitung

Aus Germ, etwas Zucker, lauwarmer Milch und 1 EL Mehl ein Dampfl machen, zudecken und an einem warmen Ort zum Aufgehen stellen. Hat sich das Dampfl verdoppelt, mit den übrigen Zutaten, außer Öl, verrühren, dieses nach und nach einrühren und den Teig sehr gut abschlagen, bis er seidig glänzt. Nun den Teig zugedeckt ca. eine ¾ Stunde zum Aufgehen stehen lassen. Hat er sich sichtlich vergrößert, Rosinen dazu streuen, nochmals durchkneten, Rollen formen und daraus einen Striezel flechten. Diesen mit verschlagenem Ei bestreichen und nochmals zugedeckt ca. 20 min gehen lassen. Dann den Striezel bei 180°Ober-/Unterhitze ca. 40 min backen.

Dukatenbuchteln / Marmeladebuchteln

Zubereitung

Germ in lauwarmer Milch auflösen, mit je einem TL Zucker und Mehl verrühren und an einem warmen Ort zum Aufgehen stellen. Butter und Öl erwärmen, Dotter darin verrühren und mit den restlichen Zutaten zum aufgegangenen Dampfl mischen und so lange abschlagen, bis der Teig seidig glatt ist. Zugedeckt an einem warmen Ort zum Aufgehen stellen. Den gut aufgegangenen Teig nochmals kurz durchschlagen und nochmals aufgehen lassen. Den Teig zu einer dünnen Rolle formen und kleine Stücke abschneiden, diese durch zerlassene Butter ziehen und sehr eng in eine gefettete Form schichten. Wieder an einem warmen Ort zum Aufgehen (ca. ½ Stunde) stellen, die restliche flüssige Butter über die Buchteln gießen, in das vorgeheizte Rohr schieben. Bei ca. 170° Heißluft ca. 30 min backen (kommt auf die Größe der Buchteln an). Warm mit Vanillesauce servieren.

Tipp: Buchteln, mit Marmelade gefüllt, werden genauso zubereitet, nur sticht man größere Stücke aus und füllt diese mit Marmelade. Sehr gut schmecken sie mit Powidl.

Zutaten

¼ u. ¹⁄₁₆ l Milch
100 g Kristallzucker
3 Dotter
1 Pkg. Frischgerm
600 g Universalmehl
50 g Butter
50 g Öl
Schale ½ Bio-Zitrone
1 Pkg. Vanillezucker
1 EL Rum
ca. 100 g Butter
Salz

Erdäpfelkrapfen

Zubereitung

Germ in Milch auflösen. Die durchgepressten Erdäpfel mit restlichen Zutaten zu einem Teig verarbeiten. Den Teig kurz abschlagen und an einen warmen Ort zum Aufgehen stellen. Dann auswalken, mit einem Ausstecher Kreise ausstechen, mit Marmelade füllen, den Teig über der Fülle zusammendrücken, durch flüssige Butter ziehen und mit der Verschlussseite

Zutaten

300 g gekochte, passierte, mehlige Erdäpfel
300 g Mehl
50 g Butter
50 g Zucker
30 g Germ

1 EL lauwarme Milch
2 Eier
Vanillezucker
Marmelade

nach unten in die ausgestrichene Pfanne legen. Die Krapfen nochmals gut aufgehen lassen, mit Ei bestreichen und im gut vorgeheizten Rohr bei 170° ca. 15–20 min backen.

Dampfnudeln

Zutaten

300 g glattes Mehl
30 g Zucker
Vanillezucker
abgeriebene Zitronenschale
⅛ l u. 2 EL Milch
25 g Germ
2 Dotter
50 g Butter
1 EL Rum
ca. 4 EL Milch
100 g Butter
Salz

Zubereitung

In die erwärmte Rührschüssel Mehl, Zucker und Salz geben und gut abmischen. In ⅛ l lauwarmer Milch Germ auflösen. Eidotter mit 2 EL lauwarmer Milch verschlagen und mit der aufgelösten Germ in die Mitte des Mehls gießen. Zu einem Teig verrühren und so lange abschlagen, bis sich dieser vom Rührlöffel löst. Nun 50 g zerlassene Butter und Rum so lange einrühren, bis sich der Teig mit der Butter verbunden hat. Den Teig zugedeckt zum Aufgehen an einen warmen Ort stellen, bis er sich verdoppelt hat.

In eine mit Butter ausgestrichene Backform ca. 4 EL lauwarme Milch geben, aber nur so viel, dass der Boden überzogen ist. Dann aus dem Teig eine Rolle formen, kleine Stücke abschneiden, diese durch die zerlassene Butter schwenken und nebeneinander in die Backform legen. Ist diese gefüllt an einen warmen Ort zum Aufgehen so lange stehen lassen, bis die Nudeln (oder Buchteln) sichtlich aufgegangen sind. Die Nudeln mit der restlichen Butter betropfen und im Rohr bei 170–180° Heißluft ca. 45 min backen. Nach dem Backen die Pfanne stürzen, die Dampfnudeln voneinander lösen, auf einer Platte anrichten und mit Kanarienmilch oder Crème servieren.

Topfenkrapferl

Zubereitung

Butter und Zucker schaumig rühren, die Eier einrühren, den Topfen und das Salz unterheben. Die Germ in lauwarmer Milch auflösen und mit dem Mehl unter den Abtrieb mischen. Diese Masse mit einem Knethaken so lange abschlagen, bis sich der Teig vom Knethaken löst. Nun den Teig zugedeckt an einen warmen Ort zum Aufgehen stellen. Ist er um ⅓ aufgegangen, am Nudelbrett ca. 2 cm stark auswalken, kleine Krapferl ausstechen, zugedeckt nochmals ca. 20 min aufgehen lassen und in heißem Fett goldgelb backen.

Tipp: Aus dieser Masse kann man auch Buchteln zubereiten.

Dies ist ein sehr altes Rezept und erinnert mich sehr an meine Kindheit.

Zutaten

60 g Butter
1 Dotter
1 Ei
160 g Topfen
80 g Staubzucker
30 g Germ
⅟₁₆ l Milch
320 g Universalmehl
Öl
Salz

Gebackene Mäuse

Zubereitung

Man mischt den Teig wie bei den Gebackenen Topfennudeln. Wenn der Teig um ⅓ aufgegangen ist, mischt man noch 100 g Rosinen darunter, sticht mit einem Löffel beliebig große Stücke heraus und bäckt sie in sehr heißem Öl schwimmend heraus.

Zutaten

60 g Butter
3 Dotter
1 Ei
80 g Staubzucker
30 g Germ
⅟₁₆ lt. Milch od. Obers
320 g Universalmehl
etwas Salz

Zum Backen
Öl

Mohn/Nussbeugel-
oder Strudel

Zutaten

25 g Germ
$\frac{1}{16}$ l Milch
300 g Mehl, glatt
30 g Staubzucker
120 g Butter
3 Dotter
1 ganzes Ei
Salz

Zutaten Fülle

$\frac{1}{8}$ l Milch
250 g Mohn od. Nüsse
120 g Zucker
40 g Butter
2 EL Semmelbrösel
Zitronenschale
Zimt
Vanillezucker
Rum nach Geschmack
Rosinen
1 Dotter

Zubereitung

Germ und Mehl abbröseln, die Zutaten mit den Dottern und dem ganzen Ei zu einem festen Teig verkneten und abschlagen. Nach ½ Stunde kühlem Rasten dünn ausrollen und in rechteckige Stücke schneiden. Oder den Teig für Strudel ausrollen.

Zubereitung Fülle

Rosinen in Rum einweichen. Milch, Butter und Zucker aufkochen, den fein geriebenen Mohn und Semmelbrösel dazugeben, dabei immer umrühren. Restliche Zutaten dazugeben. Fülle abkühlen lassen.

Jeweils einen Löffel Fülle auf die Rechtecke geben und Kipferl formen. Nochmals 20 min gehen lassen, mit Eidotter bestreichen und ca.35 min mit 160° Heißluft backen.

Tipp: Die gebackenen Kipferl lassen sich sehr gut einfrieren und schmecken aufgetaut und kurz aufgebacken wie frisch. Aus diesem Teig und der Fülle bereitet man auch einen sehr guten Strudel.

Die Mohnfülle kann man mit 2 EL Powidl, die Nussfülle mit kleinen Schokostücken oder Ribiselmarmelade verfeinern.

Riess Emaille – Edition VOLKSKULTUR NIEDERÖSTERREICH
Erhältlich in der Galerie der Regionen, 3504 Krems-Stein, Donaulände 56
Tel.: 02732 85015-15

Mohnzelten
„Waldviertler Art"

Zutaten

300 g gekochte,
mehlige Erdäpfel
300 g Butter od.
Schweineschmalz
500 g glattes Mehl
2 Eier
2 EL Rahm
1 kl. Msp. Backpulver
Salz

Zutaten Fülle
300 g Mohn gemahlen
150 g Zucker
etwas weniger als ⅛ l Milch
Zimt
Vanillezucker
2 EL Rum
60 g Butter
3 EL Powidlmarmelade

Zum Bestreichen
1 Dotter

Zubereitung

Gekochte Erdäpfel warm durchpressen, abkühlen lassen, mit Butter oder Schmalz abbröseln. Mit den übrigen Zutaten zu einem Teig verarbeiten. Den Teig ca. ½ cm stark ausrollen. Je nach gewünschter Größe Kreise ausstechen.

Je einen Löffel Mohnfülle auf die Kreise geben. Nun Knödel formen und diese flach drücken. Mit der Gabel einstechen, mit Ei bestreichen und bei 170–180° Heißluft in gut vorgeheiztem Rohr 15 min backen, wenden und ca. 10–15 min fertig backen.

Zubereitung Fülle
Milch, Zucker und Butter aufkochen, den gemahlenen Mohn dazugeben, auf kleiner Flamme unter ständigem Rühren einige min quellen lassen, dann mit Vanillezucker, Zimt, Rum und Powidl abschmecken und zugedeckt auskühlen.

Tipp: Die gebackenen Knödel, gut ausgekühlt in Klarsichtfolie eingepackt, halten lange frisch.

Früher waren Waldviertler Mohnzelten, in einem (oft karierten) Tuch eingewickelt, ein beliebter Reiseproviant für Wallfahrer. Meine Mutter erzählte mir, bei einer Wallfahrt war sie gerne dabei, schon alleine wegen der Mohnzelten!

Mohnzelten mit Germ

Zutaten

(für ca. 20 kleinere Zelten)

360 g glattes Mehl
150 g gekochte Erdäpfel
200 g Butter
1 ganzes Ei
20 g Germ
1 EL Milch
1 Ei
Salz

Zutaten Fülle

250 g gemahlener Mohn
100 g Zucker
40 g Butter
1 EL Rum
2 EL Honig
Zimt
3 EL Marmelade
(Powidl, Heidelbeer, Holler)

Zubereitung

Die Zubereitung der Fülle erfolgt wie bei den Mohnzelten. Ei mit Milch und Germ verrühren und gut auflösen. Gekochte Erdäpfel schälen, heiß durch die Erdäpfelpresse drücken. Nun alle Zutaten verkneten, am Nudelbrett nochmals durcharbeiten. Den Teig ca. ½ cm stark ausrollen, Kreise ausstechen, einen festen Teelöffel Mohnfülle darauf verteilen, zu Knödeln formen, diese flach drücken, mit einer Gabel einige Male einstechen, mit Ei bestreichen, 20 min gehen lassen, dann im vorgeheizten Rohr bei 170° ca. 20–25 min backen.

Mohnbaunzerl „Waldviertler Art"

Zutaten

500 g Mehl
250 g Butter od. Thea
3 gekochte, mehlige Erdäpfel (vom Vortag)
½ Becher Sauerrahm
2 Dotter
1 Pkg. Backpulver

Zutaten Fülle

300 g geriebener Mohn
Honig
Rosinen

Zubereitung

Die Zubereitung der Fülle erfolgt wie bei den Waldviertler Mohnzelten.

Gekochte Erdäpfel mit der feinen Reibe reiben. Mehl mit Butter abbröseln, die Zutaten untermischen, durchkneten und ½ Stunde rasten lassen. Aus der Masse eine Rolle formen, 3–5 cm breite Stücke abschneiden, auseinander drücken, 1 TL Mohnfülle darauf geben, verschließen, 15–20 min bei 170° im Rohr backen, dann mit Ei bestreichen und nochmals 15–20 min fertig backen. (Backzeit kommt aber auch auf die Größe der Baunzerl an).

Tipp: Die Baunzerl lassen sich sehr gut einfrieren.
Man kann sie auch mit einer Nussfülle füllen.

Milch
Zucker nach Geschmack

Zum Bestreichen
1 Dotter

Powidltascherl

Zubereitung

Erdäpfel mit der Schale kochen. Die geschälten heißen Erdäpfel durch die Presse drücken, mit Grieß, Butter, Salz, Dottern und Mehl zu einem mittelfesten Teig kneten. Ist der Teig zu weich, etwas Mehl oder Grieß zugeben. Ist er zu fest, gibt man noch Butter dazu.

Teig auf einem bemehlten Brett etwa 3 cm stark ausrollen und Kreise von etwa 6 cm ausstechen. Festen Powidl mit Rum und Zimt glatt rühren und jeweils ½ Kaffeelöffel davon auf die Teigscheiben setzen. Die Kreisränder mit einem zerschlagenen Ei bestreichen und zu einem Halbmond zusammenklappen, Ränder fest andrücken. Tascherl in siedendes Zuckerwasser einlegen, 6–8 min ziehen lassen, aus dem Wasser heben und abtropfen.
Brösel und Nüsse mit Zucker und Butter goldbraun anrösten und Tascherl darin wälzen. Zuletzt mit Staubzucker bestreuen.

Tipp: Es gibt praktische Formen für Powidltascherl, damit geht das Zubereiten ganz schnell!
Sehr gut schmecken dazu Früchte, die man nur in karamellisiertem Zucker schwenkt oder Zwetschkenröster.

Zutaten

500 g mehlige Erdäpfel
140 g glattes Mehl
40 g Grieß
1 EL Butter
2 Dotter
Salz

Zutaten Fülle
Powidl
Rum
Zimt

Zum Wälzen
50 g geriebene Nüsse
50 g Brösel
50 g Butter
1 TL Kristallzucker
Staubzucker

Zum Bestreichen
1 Ei

Patschnudeln

Zutaten

500 g gekochte,
mehlige Erdäpfel
80 g gelindetes Roggenmehl
ca. 100 g Butter
2 EL Zucker
70 – 100 g geriebener Mohn
Salz

Zubereitung

Butter mit Zucker zergehen lassen, Mohn dazu geben und im Backrohr warmhalten.

Die rohen, mehligen Erdäpfel schälen, vierteln, in Salzwasser weich kochen. In der Zwischenzeit Roggenmehl in einer Pfanne ohne Fett linden (rösten), aber nicht zu braun werden lassen. Die gekochten Erdäpfel abseihen, in eine schmale höhere Schüssel geben und mit einem Erdäpfelstampfer gut zerstampfen, Mehl löffelweise dazu geben, gut durchstampfen. Ev. noch etwas Salz hinzufügen. Mit einem Kochlöffel noch gut durchrühren, es sollten keine Bröckerl in der Masse sein. Die gut gestampfte heiße Masse sollte sich von der Schüssel lösen. Nun einen Teil davon auf ein Nudelbrett geben, nochmals gut durchkneten, zu einer dünnen Rolle formen, kleine Stoppeln abschneiden, diese in die vorbereitete Pfanne ins Rohr geben. Den restlichen Teig immer zudecken, damit er warm bleibt. So weiter arbeiten, bis der Teig aufgebraucht ist. Die Patschnudeln gut in dem Mohn-Zuckergemisch durchschwenken und sofort servieren.

Zum Stampfen der Erdäpfel für die Patschnudeln gab es breitere Holzschafferl mit einem breiten Stößel, in manchen Haushalten wurde die Masse im „Mohnnabl" gestoßen.

Eine alte Frau erzählte mir, in ihrer Kindheit wurde während der Zubereitung der Patschnudeln das Tischgebetet gebetet, denn dann musste sofort gegessen werden, da die Nudeln schnell weich wurden.

Patschnudeln

Bevor ma in da heilig'n Nåcht
in d'Pumpamett'n gaunga,
muaß jeda no a drei-vier mål
in d'große Schüssl glaungwa.

Denn Fåsttåg is, bis Mitternåcht,
koa Fleisch gibt's net a Stückl,
drum måcht de Muatta wås mit Mohgn,
sche schwårze Nudlzwickl.

Patschnudl, Freund, des is a G'schicht,
de muaß ma richtig kenna,
muaß mehli' g'kochte Erdäpfl
g'schält, aus a hoaße nehma.

Dazua a brennts Rogg'nmehl,
drei Händ voll, net z'gring g'mess'n
und nocha wird's im Nabl drin
(Mohgnnabl=Mohnstössl)
zu oan mords Brocka g'stessn.

Dånn werd'n sche foarste Nudl draht,
und Butterschmålz mit Honi(g)
mit'n Mohgn guat g'mischt und drüba g'laat,
dazua an Schnåps vom Toni.

Hiatzt nåch dem guat'n Fåst'nschmaus
maschier'n ma in de Mett'n,
da rogeln sich de Erdäpfln
und a des Mehl und d'Fett'n.

Da Brånntwein tuat des Seinige
und in da Mess' beim Sitzen,
da kimmt ma zweng de vielen Leut
scho' sakarisch ins Schwitzen.

Es kimmt de edle Sängerschår
am Chor mit'n G'sång ins Strudln,
denn überåll rieachts in da Höh'
båld nåch de „Patscht'n Nudeln."

I håb ma s' eh scho öfta denkt,
dass in da heilig'n Nåcht,
de Mess hålt Pumpamett'n hoaßt,
weils öfta hoamli' kråcht.

Waldviertler
Sterz-Mohnnudeln

Zubereitung

Erdäpfel schälen, vierteln und in ca. ¾ l Salzwasser halbweich kochen. Wasser bis auf ca. ½ l abseihen, aber aufheben. Das Mehl über die Erdäpfel streuen, andrücken, mit dem Kochlöffelstiel Löcher machen, auf kleiner Flamme (am besten im Rohr, Teig legt sich sehr leicht an) ca. 20 min ausdünsten lassen. Das Mehl sollte bräunlich sein. Während diesem Vorgang nicht umrühren. Zu langes Kochen ist auch nicht gut. Das Wasser sollte fast ganz verkocht sein. Den Sterz mit dem Kochlöffel oder Stampfer im Reindl gut abrühren (stampfen), auf ein Arbeitsbrett geben, gut durcharbeiten, wenn nötig etwas vom Kochwasser dazu geben, aber nur so viel, dass sich ein fester Teig kneten lässt. Aus jeweils einem kleinen Teil vom gut abgekneteten Sterz kleine Nudeln formen, den restlichen Sterz zudecken (warm halten). Die Nudeln schwenkt man gleich in brauner Butter und stellt diese in das warme Rohr. Weitere Nudeln formen und durchschwenken. So weiter arbeiten, bis der Sterz aufgebraucht ist.

Zubereitung Sirup

In einer Pfanne Zucker schmelzen, bis er hellbraun ist, dann mit Rum und Obers ablöschen und einkochen. Nudeln mit Mohn und Sirup servieren. Sollten Kinder mitessen, dann nur mit Butter, Honig oder Zucker und Mohn servieren.

Zutaten

500 g mehlige Erdäpfel
250 g Roggenmehl
200 g geriebener Mohn
100 g Butter
Salz

Zutaten Sirup

100 g Zucker
2 EL Rum
1 EL Obers

Mohnsterz

//

Zutaten

(siehe Waldviertler Sterz, S. 117)

Zubereitung

Aus dem gleichen Teig wie die Sterznudeln bereitet man den Mohnsterz.

In einer Pfanne reichlich Fett zergehen lassen, die Sterzmasse hinein geben und fest durch rösten. Im Rohr gut ausdünsten lassen, dabei immer wieder umrühren. Diesen Sterz kann man mit Mohn und Zucker bestreuen, oder nur gesalzen zu Suppen oder Kraut essen.

Stoppeln mit süßer Einbrenn

//

Zutaten

(siehe Waldviertler Sterz, S. 117)

Zubereitung

Aus dem Sterznudelteig formt man dünne Rollen, schneidet ca. 3 cm lange Stücke (Stoppeln) ab. Die Stoppeln legt man auf ein leicht befettetes Backblech und überbäckt sie im Rohr. Aus Butter, Mehl und Zucker bereitet man eine dünne, süße Einbrenn. Die Stoppeln auf Tellern anrichten, mit der süßen Einbrenn übergießen.

Dieses Gericht war nicht nur bei den Kindern sehr beliebt, auch bei denen, die Mohn nicht so gut vertragen konnten

Mohnnudeln, gewuzelt
(Weaner Nudeln)

Zubereitung

Erdäpfel kochen, schälen und heiß durch die Erdäpfelpresse drücken. Etwas auskühlen lassen, mit den übrigen Zutaten vermischen, zu einem glatten Teig verkneten. Diesen zu einer dünnen Rolle formen und ca. 2 cm starke Stücke abschneiden. Den Teig mit der flachen Hand zu runden, an den Enden schmäler werdenden Nudeln wuzeln. In reichlich kochendes Wasser einlegen. Die Nudeln aufkochen, dann nur leicht ziehen lassen. Nach ca. 6 min mit einem Siebschöpfer aus dem Wasser nehmen.

Butter in einer Pfanne hell bräunen, Nudeln darin schwenken, Mohn und Zucker darüber streuen, alles durchschwenken, mit Staubzucker anzuckern und servieren. Nicht mit Butter sparen.

Tipp: Röstet man den geriebenen Mohn vor dem Mahlen in einer festen Pfanne ohne Fett an, entwickelt er erst sein volles Aroma.

Zutaten

500 g gekochte Erdäpfel
(das sind ca. 600 g rohe Erdäpfel)
120 g griffiges Mehl
40 g Butter
2 Dotter
1 Prise Salz

Zum Schwenken
100 g geriebener Mohn
40 g Staubzucker
50 g Butter
etwas Staubzucker

Apfel-Gitterkuchen,
Luises Art

Zubereitung

Aus Mürbteig-Zutaten einen Mürbteig zubereiten und mind. ½ Stunde rasten lassen.

Zubereitung Apfelmasse
Äpfel schälen, in Spalten schneiden. In einer Pfanne Butter mit Zucker erhitzen, die Äpfel dazugeben, kurz durchrösten, die in Rum eingeweichten Rosinen und etwas Zimt untermischen.

Zutaten

Zutaten Mürbteig
420 g Mehl
280 g Butter
2 Dotter
2 EL Rum
2 EL Rahm
60 g Zucker

Zutaten Apfelmasse

1½ kg Äpfel
1 EL Butter
3 EL Zucker
Zimt
Rosinen
Rum

Sollten Marmeladereste vorhanden sein, kann man diese untermischen, dann nimmt man aber weniger Zucker. Etwa ⅔ des Teiges auf das Backblech oder in eine Kuchenform legen, mit der Gabel einstechen und hell vorbacken. Auf den vorgebackenen Mürbteig die Apfelmasse (diese wenn nötig etwas abtropfen lassen) streichen.

Aus restlichem Teig dünne Rollen formen und gitterförmig auf den Kuchen legen. Mit Ei bestreichen und bei 170° ca. 45min fertig backen.

Erdäpfel-Gitterkuchen

Zutaten

500 g Mehl
300 g Zucker
200 g Butter
400 g gekochte Erdäpfel
1 Ei
1 Pkg. Vanillezucker
1 Pkg. Backpulver
Saft 1 Zitrone
Schale 1 Zitrone
Marmelade

Zubereitung

Erdäpfel kochen, schälen und heiß durchpressen. Butter, Zucker und Ei schaumig rühren, Vanillezucker, Backpulver, Zitronensaft und abgeriebene Schale dazugeben, mit den Erdäpfeln und Mehl vermischen. Teig ½ Stunde rasten lassen. Eine größere Form mit Butter ausstreichen, ⅔ der Masse einfüllen mit Marmelade bestreichen, aus dem restlichen Teig ein Gitter formen und darüber legen. Bei mittlerer Hitze backen.

Topfenschnitten

Zubereitung

Weiche Butter mit ⅔ vom Zucker schaumig rühren, nach und nach die Dotter einrühren. Vanillezucker, Rosinen, Zitronenschale, Topfen, Sauerrahm unterrühren. Eiklar mit restlichem Zucker schlagen und unter die Topfenmasse heben.

Zubereitung Mürbteig
Zubereitung Mürbteig wie bei Apfelgitterkuchen. Teig in zwei gleich große Teile teilen, diese dünn zu zwei Rechtecken ausrollen und mit der Gabel einstechen. Den Teig mit Hilfe vom Nudelholz auf das mit Backpapier ausgelegte Backblech legen und hell überbacken.

Danach mit der Fülle bestreichen mit dem zweiten Teigblatt belegen, mit der Dotter-Milchmischung bestreichen und bei 160° hellbraun backen. Ausgekühlt in Schnitten schneiden und anzuckern.

Zutaten

Zutaten Topfenfülle
100 g Butter
4 Eier
100 g Staubzucker
500 g Topfen
2 EL Sauerrahm
Rosinen
Vanillezucker
Zitronenschale
1 Dotter
1 EL Milch

Zuckerstrauben

Zubereitung

Aus den Zutaten wird ein nicht zu dicker Teig gerührt. Das Eiweiß wird zu einem cremigen Schnee geschlagen und unter die Masse gehoben. In einer nicht zu großen Pfanne erhitzt man zweifingerhoch Öl, füllt die Teigmasse in einen Spritzsack mit kleiner Tülle und spritzt den Teig spiralförmig oder gitterförmig ein. Dabei achten, dass die Strauben nicht zu dick und nicht zu groß werden. Wenn von unten eine goldbraune Farbe erreicht ist, umdrehen und fertig backen. Kurz auf einen mit Küchenrolle ausgelegten Teller legen, dann mit Zucker bestreuen und servieren.

Zutaten

150 g Mehl
3 Eier
1 EL Zucker
ca. ⅛ lt. Weißwein
etwas Salz

Scheiberlbocha

Scheiberlbocha
(Kekse backen)

Håbt's ös scho Scheiberl bocha?
Jå? Nau i bi heua späta drau,
åber d' nächst'n Tåg auf Wocha
Freund, do geh' is au!
Heua und des gånz bestimmt
moch i nur zwoaraloa!
Nur de mit Nuss und Zimt,
ma braucht ja viel, z'viel Oa.

Na jo, vielleicht Vanillekipferl,
de ess'ns do so gern,
a de mit de Kokoskipferl
und de weiß'n Weihnåchtsstern.

Åber heurig's Jåhr vasteck is s',
des wa ålleweil a G'schicht,
dass des Zeug glei wieda weg is
bevor's de Fei'tåg siecht.

Jesses, wånn i mi net tummi
wird's ma gnädig, so a Plåg,
bessa wa' se war'n scho umi-
de hochheilig'n Weihnåchtståg.

G'schwinde Scheiberl

Zubereitung

Mehl, Backpulver, Salz zusammen mischen. Butter, Zucker und Vanillezucker kurz schaumig rühren, Eier einrühren. Zuerst das Mehl, zum Schluss die Schokoladenstücke unterheben. Ein Backblech mit Backpapier auslegen. Die Masse in einen Gefrierbeutel einfüllen, ein kleines Eck abschneiden und sehr kleine Häufchen auf das kalte Backblech spritzen. Backbleche eine Stunde kalt stellen, dann ca. 9–11 min bei 170° im gut vorgeheizten Rohr backen (nicht zu eng legen, Masse breitet sich etwas aus).

Zubereitung Variante I

Man kann den Teig abändern und statt der Schokostücke etwas kandierten und gemahlenen Ingwer und je 1 Prise Zimt und Kardamom einarbeiten.

Zubereitung Variante II

Mehl mit gemahlenen oder ganzen Nüssen mischen.

Tipp: Dieses Rezept lässt sich einfach und schnell auch mit Kindern zubereiten und schmeckt sehr gut. Wichtig ist aber das Kaltstellen der Scheiberl vor dem Backen.

Zutaten

(für 3 Bleche)

380 g glattes Mehl
½ Pkg. Backpulver
90 g weiche Butter
90 g Rama
110 g feinen Rohrzucker
110 g Kristallzucker
1 Pkg. Vanillezucker
2 Eier
200 g gehackte weiße
od. dunkle Schokolade
1 Prise Salz

Mohnspitz

Zubereitung

Dotter mit ⅔ Zucker schaumig rühren, Eiklar mit restlichem Zucker cremig schlagen. Mehl mit Mohn vermischen und abwechselnd mit dem Eischnee unter die Dottermasse heben. Ein Backblech mit Backpapier auslegen, die Masse aufstreichen und bei 170° ca. 12–15 min backen. Auskühlen lassen, Papier abziehen und kleine Kreise ausstechen. Diese mit Alkohol

Zutaten

180 g Staubzucker
70 g fein gemahlener Mohn
140 g glattes Mehl
7 Eier
1 Prise Salz

Zutaten Tunkmasse
Rum
Cointreau od. starker Kaffee

Zutaten Crème
250 g gute Kochschokolade
¼ l Schlagobers

(Rum, Cointreau) oder auch nur mit Kaffee beträufeln. Die Crème auftragen und mit den Fingern zu Spitzen formen, dann sehr kühl stellen, (ev. kurz tiefkühlen), erst dann mit Schokoglasur glasieren. Zum Glasieren am besten die sehr kalten Mohnspitz in die Glasur tauchen.

Zubereitung Crème
Schokolade in Stücke brechen, mit Obers unter ständigem Rühren aufkochen. Erkalten lassen, dann gut aufschlagen.

Schokolade, selbst gemacht

Zutaten

250 g Staubzucker
80 g Kakao
2 Pkg. Vanillezucker
1 Pkg. Ceres
Rum

Zubereitung

Ceres in einem Topf bei geringer Hitze schmelzen, die übrigen Zutaten einrühren. Die Masse sollte nur lippenwarm sein. In kleine Formen einfüllen und kalt stellen. Beim Herauslösen aus der Form diese leicht zusammen drücken, oder kurz in heißes Wasser halten.

Da dies oft die einzige Schokolade war, die man für Weihnachten hatte, wurde mehr zubereitet. Zum rascheren Abkühlen stellte man die Formen in den Schnee.

Butterbrote

Zutaten

210 g geriebene Nüsse
od. Mandeln
100 g Mehl
150 g Butter
100 g geriebene Schokolade

Zubereitung

Butter mit Mehl abbröseln, die übrigen Zutaten dazumischen, kurz abkneten und 1 Stunde kühl rasten lassen. Beliebig runde Kekse ausstechen. Diese in der Mitte halbmondförmig durchschneiden und nach dem Backen mit der Dotterglasur bestreichen, einen Tag trocknen lassen.

Tipp: Wer keine Dotterglasur möchte, kann mit beliebiger Glasur glasieren.

100 g Staubzucker
1 Ei

Zutaten Glasur
2 Eidotter
200 g Staubzucker
1 EL Rum

Filzkrapferl

///

Zubereitung

250 g Mehl wird mit Eiklar und so viel Essigwasser verarbeitet, dass ein Nudelteig entsteht, diesen mindestens ½ Std. rasten lassen. Dann wird nochmals 250 g Mehl mit dem faschierten Schweinefilz abgeknetet. Den Nudelteig ausrollen, den Filzteig daraufgeben, einschlagen und ausrollen. Dieses mehrmals wiederholen. Wiederum rasten lassen, möglichst über Nacht. Anschließend auswalken, beliebige Kekse ausstechen, ausradeln, oder Tascherl formen, diese entweder mit Marmelade füllen, oder ungefüllt backen. Nach dem Backen mit Staubzucker und Zimt bestreuen.

Tipp: Diesen Teig kann man so wie Blätterteig für viele Mehlspeisen verwenden.

Mürbteig lässt sich gut bearbeiten: Man legt den Teig auf ein Backpapier, deckt ihn mit Klarsichtfolie ab, das Ausrollen ist damit ganz einfach!

Auf Omas Keksteller waren die Filzkrapferl immer dabei

Zutaten

500 g glattes Mehl
2 Eiklar
800 g faschierter, roher Schweinsfilz
Essig

Miedlerkekse

///

Zubereitung

Mürbteig zubereiten und diesen mindestens 1 Tag im Kühlschrank rasten lassen. Dann beliebige Formen ausstechen und hell backen.

Zutaten

250 g Butter
150 g Staubzucker
400 g Mehl Universal

1 Dotter
Zimtpulver
Nelkenpulver
1 Pkg. Vanillezucker
Schale 1 Bio-Zitrone

Tipp: Auch ohne Zimt- und Nelkenpulver schmecken die Kekse sehr gut.

Vanillekipferl Urli's Art

Zutaten

350 g Mehl glatt
210 g Butter
110 g Staubzucker
Vanillezucker
110 g geriebene Mandeln
1 Dotter
Zitronensaft

Zubereitung

Mehl auf die Arbeitsfläche geben, die sehr kalte Butter mit einer groben Reibe in das Mehl reiben, dann Mehl und Butter gut abbröseln. Die übrigen Zutaten dazumischen, alles noch einmal gut abbröseln und kurz durcharbeiten. Man kann aber auch die Zutaten in die Rührschüssel der Küchenmaschine geben und mit dem Knethaken kurz durchkneten. Sollte sich der Teig nicht gut zusammenarbeiten lassen, noch einige Tropfen Zitronensaft dazugeben. Im Kühlschrank mindestens eine Stunde rasten lassen. Danach immer wieder kleine Stücke abschneiden, aus dünnen Rollen Kipferl formen, diese auf ein mit Backpapier ausgelegtes Blech legen und bei 150° hellbraun backen. Mit Staub- und Vanillegemisch bestreuen.

Tipp: Kipferl noch am Backblech mit einem feinen Sieb mit Staub-Vanillezucker bestreuen.
Nimmt man geschälte Mandeln, werden die Kipferl sehr schön hell, man kann natürlich auch ungeschälte verwenden.
Den Teig für die Kipferl kann man am Vortag zubereiten.

Vanillekipferl Mamas Art

Zutaten

250 g glattes Mehl
210 g Butter
70 g Staubzucker

Zubereitung

Zubereitung wie Vanillekipferl von Urli.

Bei diesem Rezept ist zwar viel Butter dabei, aber die Kipferl zergehen auf der Zunge.

Tipp: Statt der Nüsse kann man auch weißen geriebenen Mohn nehmen.

Vanillezucker
100 g geriebene Nüsse
1 Dotter
etwas Zitronensaft

Grammelbäckerei

Zubereitung

Zutaten auf dem Nudelbrett zu einem Teig kneten, über Nacht rasten lassen. Am nächsten Tag auswalken, ausstechen und hell backen. Den Teig kann man mit Zitronensaft geschmeidiger machen. Nach dem Backen mit Ribiselmarmelade füllen.

Zutaten

250 g faschierte Grammeln
250 g Mehl
110 g Zucker
Zimt
Gewürznelken
Zitronenschale
1 Ei
1 EL Rum
1 Msp. Backpulver
Ingwer
Marmelade
Salz

Florentiner

Zubereitung

Zucker, Schlagobers, Butter, Mandeln und Aranzini auf mittlerer Flamme unter ständigem Rühren einkochen, bis sich die Masse vom Topf löst. 1 EL Mehl einrühren und nochmals ca. 5 min kochen. Auf ein befettetes und bestaubtes Backblech Häufchen geben (laufen auseinander) und bei 180° backen, bis sie schön hellbraun sind. Mit einer Spachtel lösen, mit einer runden Ausstechform Kreise formen, erkalten lassen. Ist die Masse schon zu kalt, lassen sich die Florentiner nicht mehr gut formen. In diesem Fall das Backblech nochmals ins Rohr schieben.

Schokolade in kleine Stücke brechen, in einem Topf über Wasserdampf schmelzen und die Florentiner auf der Rückseite mit einem Pinsel bestreichen.

Zutaten

140 g Staubzucker
140 g gestiftelte Mandeln
140 g gehackte Aranzini
20 g Butter
¼ l Schlagobers
1 EL Mehl
Schokolade

Lebkuchen als Christbaumbehang

Zutaten

300 g Roggenmehl
(man kann auch Weizenmehl
nehmen od. mischen)
160 g Staubzucker
1 TL Natron
Zitronenschale
1 Msp. Zimtpulver
1 Msp. Nelkenpulver
1 Prise Kardamom
1 Prise Muskatnuss
Neugewürzpulver
gemahlener Sternanis
(od. nur Lebkuchengewürz)
80 g Honig
2 Eier

Zum Bestreichen
Eiklar

Zubereitung

Alle trockenen Zutaten gut vermischen, den Honig auf 50° erwärmen und die Eier dazurühren. Alle Zutaten gut verkneten, den Teig in Klarsichtfolie mindestens 2 Tage im Kühlschrank rasten lassen. Den Teig kann man aber auch einige Wochen rasten lassen, ehe man ihn weiter verarbeitet, er lässt sich dann auch besser bearbeiten.

Auf einer bemehlten Arbeitsplatte ½ cm dick ausrollen, Formen ausstechen, ev. mit einem kleineren Ausstecher Löcher machen, mit Eiklar bestreichen. Mit Mandeln und Kirschen belegen, auf ein mit Backpapier ausgelegtes Blech legen, ca 10 min bei 160° backen. Nach dem Backen ev. mit bis zum Flug gekochtem Zucker glasieren oder mit Eiweißglasur dekorieren.

Tipp: Um ein Hartbleiben der Lebkuchen zu verhindern, muss man den Teig 3–4 mm ausrollen, nicht dünner.
Diese Masse eignet sich auch gut zur Herstellung von Lebkuchenhäusern.
Wichtig: Lebkuchen entweder vor dem Backen mit Eiklar oder nach dem Backen, solange er noch warm ist, mit gesponnenem Zucker bestreichen.
Achtung: Vorsicht bei den Gewürzen nicht zu viel nehmen. Lieber nach Verkostung des rohen Teiges nachwürzen.

Kletzenbrot

Zutaten

2 Pkg. Germ

Zubereitung

Kletzen über Nacht in Wasser einweichen, mit dem Einweichwasser am nächsten Tag nicht zu weich kochen und auskühlen. Vom lauwarmen Kochsud 350 ml abseihen und darin Germ sowie Zucker auflösen. Roggenmehl in eine Schüssel sieben, in der Mitte eine Grube formen und die Germ Mischung hinein geben. Vom Rand her Mehl darüber häufen. Mit einem Tuch abdecken, mindestens 30 min gehen lassen. In der Zwischenzeit Birnen in grobe Stücke schneiden, Dörrzwetschken, Zitronat und Aranzini klein würfeln und alle Früchte in Rum einweichen. Den gesamten Vorteig nun mit Butter, Salz und Eiern verkneten und neuerlich gehen lassen. Dann alle Früchte und Gewürze einarbeiten. Backblech leicht einfetten und bemehlen. Aus dem Teig zwei längliche Brote formen, mit Mehl leicht bestauben und auf das Backblech setzen. Backrohr auf 200° vorheizen. Kletzenbrote etwa 50–60 min backen.

4 EL Zucker
1 kg Roggenmehl
100 g Butter
2 Eier
500 g gedörrte Birnen
(Kletzen)
500 g Dörrzwetschken
100 g Zitronat
100 g Aranzini
200 g gehackte Haselnüsse
200 g geschälte Mandeln
200 g Rosinen
250 g Feigen
2 TL Anis
2 TL Zimt
1 TL Nelkenpulver
4 cl Rum
Butter
Mehl
2 TL Salz

Nuss-Schnitten

Zubereitung

Eiklar mit Salz, Staub- und Vanillezucker cremig rühren, die gemahlenen Mandeln mit 2 EL Rum unterheben.
Ein Backblech mit Backpapier auslegen, die Masse darauf streichen, ca. 12–15 min bei 170° backen. In der Zwischenzeit weiche Butter mit Zucker cremig schlagen, erweichte ausgekühlte Schokolade einrühren, nach und nach die Dotter dazurühren.
Diese Masse auf den vorgebackenen Kuchen streichen und nochmals 10–15 min backen (Kuchen soll noch nicht ganz fest sein, trocknet noch nach).
Den ausgekühlten Kuchen mit einem scharfen Messer in ganz kleine Schnitten schneiden.

Tipp: Diese Masse reicht für ein Backblech 30 x 30 cm. Decken Sie den Rest des Bleches mit Alufolie ab.
Die Schnitten schmecken sehr gut.

Zutaten

400 g geriebene Mandeln
od. Haselnüsse
5 Eiklar
250 g Staubzucker
1 Pkg. Vanillezucker
Rum
1 Prise Salz

Zutaten Überguss
100 g Butter
100 g Staubzucker
5 Dotter
150 g Schokolade

Für sie a Mamelad',
für eahm a Schnapsl

De Giserl-Tant

De größte Freud da Giserl-Tant
des is de Kocherei.
Mit Herz und Seel' und gånzer Kråft
steht sie am Herd dabei.

Do' ei'koch'n vo Marmelad,
des is ihr b'sonders G'schick,
wånnst vo' ihr so a Glaserl krieagst,
i såg', da schwimmst im Glück.

Ob Ribisl, ob Preislbeer,
ob Erdbeer oda Birn,
ob Zwetschkn oda Griecherlmus,
sie måcht's mit G'schmåck und Hirn.

Ihr Marmelad und Früchtesåft
ghört zum Bestn auf da Erdn
und wer sie kost', de Köstlichkeit,
kånn darauf süchtig werd'n.

Ihr Keller is zum Bersten voll,
do' letzt'ns still und stad,
håb'ns ei'broch'n in Giserls Haus,
und går nix g'stohl'n, – aglei de **Marmelad.**

Kriecherl-Marillenmarmelade

Zubereitung

Kriecherl und entkernte Marillen waschen, in einem großen Topf zum Kochen bringen und einige min kochen. Dann durch die Flotte Lotte drehen, aber in die verkehrte Richtung, damit die Kerne und die Fruchtschale zurückbleiben. Die Masse abwiegen und mit Zucker und Gelier Fix verarbeiten.

Tipp: Kriecherl-Quitte, Kriecherl-Sanddorn oder Kriecherl-Vogelbeere schmecken sehr gut.

Ich friere vorbereitetes Kriecherlmus ein und verarbeite es mit Quittensaft weiter, dies ist auch eine sehr gute Marmelade.

Gelbe, großen Kriecherl, auch Marillen des Waldviertels genannt, harmonieren sehr mit Marillen und ergeben eine ausgezeichnete Marmelade.

Zutaten

1 kg Kriecherl
400 g Marillen
400 g Zucker
1 Pkg. Gelier-Fix

Marmelade aus grünen Nüssen

Zubereitung

Grüne (unreife) Nüsse werden mit einer Nadel mehrmals durchgestochen, 8–10 Tage lang in täglich zu erneuerndes, kaltes Wasser gelegt und schließlich in Salzwasser weich gekocht. Die abgeseihten Nüsse werden mit heißem, gesponnenem Zucker (500 g Zucker und ¼ l Wasser 10 min kochen) übergossen und 12 Stunden lang an einen kühlen Ort gestellt. Dann wird der Zucker abgeseiht, aufgekocht und abermals über die Nüsse gegossen. Dies wird noch fünfmal wiederholt. Schließlich wird der Zucker nach Zugabe einiger Gewürznelken und einer Zimtrinde, die man später entfernt, dick eingekocht und über die in Gläser gefüllten Nüsse gegossen, worauf man die Gläser gleich

Zutaten

1 kg grüne Nüsse
500 g Zucker
Gewürznelken
Zimtrinde
Salz

mit Einsiedehaut verschließt.

Einkochzeit ist bis Ende Juni.

Hetscherlmarmelade (Hagebutten) mit Äpfeln

Zutaten

ca. 1 ½ kg Hagebutten
(Hetscherl)
750 kg Äpfel
(eher nicht ganz reif)
Zucker

Zubereitung

Die Hagebutten werden der Länge nach aufgeschnitten, von den haarigen Kernen so gut als möglich mittels Kochlöffelstiels ausgeputzt, dann werden die Früchte in einem Topf ein wenig nieder gedrückt und mit Wasser bedeckt, zugedeckt auf kleiner Flamme weich gekocht und durch ein Haarsieb passiert. Die Äpfel werden mit der Schale und Kerngehäuse sehr klein geschnitten, mit dem Saft einer Zitrone beträufelt, gleich hoch mit Wasser aufgegossen und unter ständigem Rühren weich gekocht, ebenfalls durch das Haarsieb gleich mit den Hagebutten passiert. Das Ganze wird jetzt abgewogen. Für 1 kg Fruchtmus rechnet man mit ca. 500–700 g Zucker. Nun wird die Masse unter ständigem Rühren ca. 20 min eingekocht und heiß in Gläser gefüllt und gut verschlossen.

Tipp: Unreife Äpfel gelieren besser.

Hetscherlmarmelade (Hagebutten) mit Portwein

Zutaten

1 kg Hetscherlmark
350 g Zucker

Zubereitung

Frische Hagebutten säubern, Samenkerne heraus kratzen und für einige Tage einfrieren. Dann über Nacht in wenig Wasser einweichen. Am nächsten Tag im Einweichwasser ca. 20 min kochen, durch die Flotte Lotte drehen. Anschließend durch ein feines Passiersieb passieren. In die überkühlte Masse Gelier-Fix und Portwein geben und alles nach Packungsbeilage kochen.

¹⁄₁₆ l Portwein
½ Pkg. Gelier-Fix

Tipp: Das Hagebuttenmark mit Portwein eingekocht, passt hervorragend zu Wildgerichten, ohne Portwein aber zum Füllen der Weihnachtskekse.

Holunderblüten Gelee

Zubereitung

Hollerblüten säubern und mit ½ l kochendem Wasser übergießen. Zugedeckt, am besten über Nacht, mit den Blüten stehen lassen. Abseihen, mit dem Zitronen- und Orangensaft, den Zesten und dem Gelier-Fix vermischen, ca. 4 min einkochen. In Gläser füllen und gut verschließen.

Zutaten

mind. 20 schöne Holunderblüten
Saft von 2 Zitronen
Saft von 1 Orange
Zucker
Gelier-Fix nach Angabe

Powidl

Zubereitung

Recht reife Zwetschken waschen, entkernen und ohne jede Zugabe von Zucker kochen, bis die Masse dick und dunkel ist. Man kocht sie bei schwacher Hitze und rührt sie oft um, damit sie sich nicht anlegt. Aber Vorsicht dabei, denn Powidl spritzt stark. Gutes Powidl muss mindestens 6 Stunden köcheln. Daher wäre es sinnvoll, wenn man den Arbeitsaufwand auf 2 Tage verteilen würde. Powidl wird in der Regel ohne Zucker hergestellt, es kommt hier aber darauf an, wie süß und reif die Zwetschken sind. Sollte eine Zuckerzugabe notwendig sein, macht man dies in der letzten halben Stunde. Man kann den

Zutaten

ca. 5 kg Zwetschken
Zucker nach Bedarf

Topf mit der Marmelade bei niederer Temperatur im Rohr fertig kochen, da muss man nicht so viel umrühren!!

Zwetschkenröster

Zutaten

1 kg frische Zwetschken
ca. 200 g Zucker
1 Zimtrinde
Gewürznelken
1 Sternanis
ev. 1 Vanilleschote

Zubereitung

Zwetschken waschen, entkernen, mit Zucker bestreuen und so lange kochen, bis sich die Schalen einrollen. Die Gewürze entweder in ein Mullsäckchen binden, oder in ein Teeei geben, das man nach dem Kochen leichter entfernen kann. Den fertigen Röster in Gläser füllen, gut verschließen und im Dunst nochmals 20 min kochen (auch im Backrohr möglich).

Wipferlsaft

Zutaten

ca. gleiche Menge
Wipferl wie Zucker

Zubereitung

Dazu werden die jungen Spitzen der Fichten in ein Glas geschichtet (beginnend mit den Wipfeln), abwechselnd mit Zucker oder Honig bedeckt. Verschlossen mit einem Mulltuch und für 6 Wochen auf die Fensterbank gestellt. Danach seiht man den Saft in ein Glas. Gut verschlossen und kühl gelagert hält der Saft sehr gut.

Tipp: Die abgeseihten Wipfel koche ich zu Marmelade wie beschrieben.
Dieser Wipferlsaft ist ein sehr gutes Hustenmittel.

Wipferlmarmelade

Zubereitung

Die abgeseihten Wipferl enthalten noch sehr viel Zucker. Ich koche sie mit Wasser auf, lasse sie eine Stunde ziehen, seihe den Saft ab und verarbeitet diesen mit Gelier-Fix zu Marmelade. Schmeckt wie Waldhonig.

Zutaten

Wipferl
Gelier-Fix

Quitten-Gelee

Zubereitung

Früchte gut abbürsten, waschen, nicht schälen, das Kerngehäuse ausschneiden, die Quitten klein schneiden, mit Zitronen- und Orangensaft, Wasser bzw. Apfelsaft 1 Stunde köcheln, passieren. Den Saft, ohne zu drücken, durch ein Sieb laufen lassen (am besten über Nacht), dann den Saft mit Zucker verrühren, ev. wenig Gelier- Fix einrühren, das Ganze nochmals einige min kochen und in Gläser füllen. Aus dem übrigen Fruchtfleisch lässt sich Quittenkonfekt oder Quittenmarmelade zubereiten.

Tipp: Sehr gut schmeckt auch Sanddorn oder Kriecherlmus zu den Quitten.

Zutaten

1 kg Quitten
¼ l Wasser od. Apfelsaft
Saft von 2 Zitronen
Saft von 2 Orangen
ev. 3 Zweigerl
Zitronenmelisse
Zucker od. Honig
nach Geschmack
Gelier-Fix

Quittenkäse

///

Zutaten

500 g Quittenmark
200 g Zucker
abgeriebene Zitronenschale
ev. Gelier-Fix

Zubereitung

Man braucht dafür das Fruchtmus, das übrig bleibt, wenn man Quittengelee kocht. Das Mus am besten über Nacht in einem Sieb abtropfen lassen. Aus dem Saft Gelee kochen. In das gut abgetropfte Fruchtmus Zucker und etwas Gelier-Fix geben, auf kleiner Flamme unter ständigem Rühren dick einkochen. Oder aber den Topf ins Rohr stellen und das Ganze bei geringer Hitze einkochen. Dann die Masse ca. 2 cm stark auf ein leicht eingeöltes Backblech streichen und dieses bei 60° für einige Stunden ins Rohr stellen. Man kann die Quittenmasse auch einige Tage in der warmen Küche trocknen. Ich gebe die leicht getrocknete Quittenmasse auf einen Gitterrost, damit die Unterseite schneller trocknet. Den fertigen Block in kleine Stücke schneiden oder Sterne bzw. Herzen ausstechen, ev. diese auf beiden Seiten in Staubzucker wälzen.

Tipp: Kühl gelagert in einer Blechdose oder im Kühlschrank hält das Konfekt wochenlang.

Man kann mit dem Quittenmus ein Stück Ingwer, Vanilleschote, einige Nelken, Sternanis und Zimt mitkochen, dann bekommt das Konfekt eine scharfe Note.

Oder man fügt vor dem Festwerden geschnittene Nüsse bzw. Pignolien darunter und sticht hübsche Formen aus.

Apfelkäse

///

Zutaten

reife Äpfel
Zucker
Zitronensaft u. -schale

Zubereitung

Äpfel in Stücke schneiden, in wenig Wasser kochen und passieren. Auf ein Kilo Brei 300–400 g Zucker, sowie etwas Zitronensaft und –schale dazu geben, kochen lassen. Sobald sich der Zucker auflöst, dick einkochen. Dabei immer umrühren, da sich die Masse leicht anlegt. Ein langes Kuchenblech mit Pergamentpapier auslegen, die Masse 1–2 cm stark auftragen und an einem warmen Ort zum Trocknen stellen. Oftmaliges Wenden beschleunigt den Vorgang wesentlich! Ist der Apfelkäse trocken, in kleine Stücke schneiden oder ausstechen und in Zucker drehen.

In meiner Volksschulzeit gab es beim Greißler große Blöcke davon und um 10 Groschen konnte man sich ein Stück süßen Apfelkäse kaufen.

Holunderblütensirup

Zubereitung

Zitronen gut waschen, in Scheiben schneiden und mit den Holunderblüten abwechselnd in ein großes Gefäß schichten. Wasser mit Zucker aufkochen, gut abkühlen, Zitronensäure dazugeben, über die Hollerblüten gießen. Die Masse ca. 4–5 Tage in einen kühlen Raum stellen und ziehen lassen. Täglich mehrmals umrühren. Danach ein Sieb mit einem Tuch auslegen, durchseihen, etwas Einsiedehilfe einrühren und in Flaschen füllen. Dieser Saft ist, entweder mit Mineralwasser oder mit Sekt aufgespritzt, sehr erfrischend.

Tipp: Auf die gleiche Weise bereitet man auch Melissen-, Minzen-, Rosenblütensirup zu. Ich mache gerne Saft aus meinen Gartenkräutern.

Meine Enkelkinder wollen immer „selbstgemachtes Sprite".

Zutaten

ca. 25 Hollerblüten
60 g Zitronen- od. Weinsteinsäure
2 kg Zucker
3 l Wasser
2 Zitronen
Einsiedehilfe

Hollerblütensekt

Zutaten

12 – 15 Hollerblüten
3 Bio-Zitronen in Scheiben
5 l Wasser
600 g Zucker
weniger als ⅛ l guter Wein-
od. Apfelessig

Zubereitung

In einem sauberen Glas oder Kübel Zucker und Wasser auflösen, dann die übrigen Zutaten dazu geben. Das Glas mit einem Mulltuch abdecken, auf eine sonnige Fensterbank stellen und täglich umrühren. Nach 3 – 4 Tagen abseihen, den Hollersaft in Flaschen mit sehr gutem Verschluss füllen. Achtung: die Flaschen nicht ganz befüllen! Durch die Gärung können diese explodieren, wenn für den Saft zu wenig Platz ist. 2 – 3 Wochen kühl lagern.

Schlehenlikör

Zutaten

200 g Schlehen
200 g weißen Kandiszucker
1 Vanilleschote
1 l doppelt
gebrannter Korn

Zubereitung

Reife Schlehen nach dem Pflücken säubern und einige Tage in das Tiefkühlfach legen oder erst nach dem ersten Frost pflücken. In ein großes Glas kommen zuerst die Schlehen, dann der Kandiszucker und die Vanilleschote, bedeckt mit Korn, wird das Glas gut verschlossen. Nach 2 Monaten den Schnaps in Flaschen seihen und diese gut verschließen.

Riess Emaille – Edition VOLKSKULTUR NIEDERÖSTERREICH
Erhältlich in der Galerie der Regionen, 3504 Krems-Stein, Donaulände 56
Tel.: 02732 85015-15

Des solltats
a no wissn

Schokoladeglasur

Zutaten

200 g Kristallzucker
180 g Kochschokolade
2 dl Wasser
ev. 1 nussgroßes
Stk. Butter

Zubereitung

Zucker wird mit Wasser bis zur Perle gekocht, Fingerprobe überprüfen (Wenn sich zwischen Daumen und Zeigefinger ein leichter Faden zieht, ist der gesponnene Zucker fertig). Schokolade im nicht zu heißen Wasserbad mit einem Teil vom abgekühlten, gesponnenem Zucker und einem Stück Butter schmelzen, mit der Schneerute gut durchrühren. Dann so lange warmen gesponnenen Zucker dazu rühren, bis die Glasur die entsprechende Dicke hat (bis sie einen eingetauchten Kochlöffel dünn überzieht). Wichtig ist, die Schokolade und gesponnenen Zucker nur lauwarm zusammenrühren. Die Glasur kann man auch im Wasserbad wieder erwärmen. Das glasierte Gebäck im temperierten Raum trocknen.

Weiße Glasur

Zutaten

200 g Kristallzucker
⅛ l Wasser
250 g Staubzucker

Zubereitung

Kristallzucker und Wasser zur „Perle" kochen (Fingerprobe). Dann wird so viel Staubzucker in den warmen, gesponnenen Zucker eingerührt, dass sich die Glasur rühren lässt und zwar ca. ¼ Stunde. Wenn nötig, noch gesponnenen Zucker dazugeben. Die Glasur sollte einen eingetauchten Kochlöffel dicklich überziehen. Man kann die Glasur verfeinern oder abwandeln:

*   Beigabe von roter Lebensmittelfarbe – rosa Glasur
*   Beigabe von 2 EL Zitronensaft – Zitronenglasur
*   Beigabe von 1 EL Punsch – Punschglasur
*   Beigabe von 1 EL Rum und 1 EL Orangensaft und wenig roter Lebensmittelfarbe – auch Punschglasur
*   Beigabe von 2 EL schwarzen Kaffee – Kaffeeglasur
*   Beigabe von 2 EL Orangensaft – Orangenglasur
*   Beigabe von blauer und roter Lebensmittelfarbe – lila Glasur

Tipp: Die Glasur kann man statt mit Wasser mit Staubzucker und heißer Milch anrühren und in die noch heiße Glasur etwas Kokosfett einrühren.

Fondantglasur

Zubereitung

Zucker wird mit Wasser bis zum kleinen Flug gekocht (siehe Zucker spinnen S. 147), dann in einer Schüssel so lange stehen lassen, bis sich an der Oberfläche ein Häutchen gebildet hat. Dann mit einer Spachtel abschlagen, bis er gleichmäßig weich und weiß ist. Den so zubereiteten Fondant in einem Porzellan- oder Glasgefäß mit einem feuchten Tuch zugedeckt, aufbewahren.

Tipp: Verwendet man den Fondant zum Glasieren, lässt man ihn am Herd mit etwas gesponnenem Zucker flüssig werden und färbt nach Wunsch ein.

Fondant lässt sich auch in einem Schraubglas kühl aufbewahrt, lange aufheben.

Zutaten

500 g Zucker
⅛ l Wasser

Zucker spinnen

Zubereitung

Zucker wird mit Wasser so lange gekocht bis zum

1. Grad: Breitlauf

Taucht man einen Kochlöffel in den gekochten Zucker und fällt bei dessen Herausheben der daran haftende Zucker in breitem Lauf ab, so hat er den ersten Grad erreicht.

Zutaten

250 g Zucker
2 dl Wasser

2. Grad: Die kleine Perle

Lässt man den Zucker weiterkochen und taucht den Löffel nach einigen min abermals ein und der herab fallende Tropfen zieht einen kurzen Faden, an dessen Ende eine kleine Perle hängt, ist das der richtige Grad für Glasuren.

3. Grad: Die große Perle

Taucht man nach weiterem Kochen den Kochlöffel wieder ein und berührt den Zucker mit Daumen und Zeigefinger und entfernt die beiden Finger voneinander und es bildet sich ein langer Faden, ohne dass er zerreißt ist dies der richtige Grad für Strichglasuren für Lebkuchen.

4. Grad: Der kleine Flug

Kocht man Zucker noch einige min weiter und taucht einen Siebschöpfer ein, hebt diesen heraus und bläst auf den haftenden Zucker. Fliegt dieser in Form von kleinen Bläschen weg, so hat er den Grad erreicht. Das ist der richtige Grad für Fondant oder zum Bestreichen von Kranzkuchen usw.

Einfache und schnelle Art des Verzierens ist das Brennen.

Torte mit Staubzucker bestreuen und mit einer erhitzten Stricknadel, die man zum besseren Halten in ein Holz steckt, kann man verschiedene Verzierungen brennen. Will man die gebrannten Striche dicker haben, so kann man dazu auch den gereinigten Schürhaken, den man im Ofen sehr erhitzt, verwenden. So wurden früher Mehlspeisen verziert.

Ribisel-Wildsauce

Zubereitung

Ribisel waschen, abtropfen und in einem Topf zum Kochen bringen, ca. 5 min fest kochen. Dann durch die Flotte Lotte passieren. Das Fruchtmus abwiegen, es sollte 1 kg sein. In die abgekühlte Masse Gelier-Fix und Zucker einrühren. Die Gewürze und Kräuter in ein sauberes Leinensackerl oder ein Gewürz-Ei füllen. Die Vanilleschote der Länge nach aufschneiden und den Inhalt in das Fruchtmus geben. Die Orange dünn abschälen, die Schalen in Streifen schneiden, den Saft auspressen, Cassis dazugeben und alles 4 min fest kochen lassen. Das Gewürzsackerl entfernen, die Wildsauce heiß in Gläser füllen.

Tipp: Ribisel-Wildsauce ist eine gute Beilage zu diversen Wild- oder Rindfleischgerichten, aber auch zu Käse oder kaltem Fleisch.

Auf die gleiche Weise kann man auch die Wildsauce mit Preiselbeeren zubereiten, diese muss man aber nicht passieren.

Zutaten

ca. 1,3 kg Ribisel
1 Pkg. Gelier-Fix
¼ l Cassis
3 Gewürznelken
1 kl. Zimtstange
1 Vanilleschote
3 Wacholderbeeren
1 Zweig Thymian
1 kl. Zweig Rosmarin
1 kl. Zweig Majoran
Saft 1 Bio-Orange
Schale 1 Bio-Orange
300–400 g Zucker
(je nach gewünschter Süße)

Preiselbeer-Zwiebeln

Zubereitung

Zwiebel in Ringe schneiden, mit dem Rosmarinzweig in Butter dünsten, mit Mehl stauben, salzen und pfeffern, das Lorbeerblatt dazu geben, mit Rotwein und Suppe aufgießen, mit Preiselbeerkompott bissfest dünsten. Ev. mit Rotweinessig abschmecken.

Tipp: Als Beilage zu Wild oder Rindfleischgerichten.

Zutaten

200 g rote Zwiebel
1 TL Butter od. Öl
1 Rosmarinzweig
1 Lorbeerblatt
Cayennepfeffer
⅛ l Rotwein
⅛ l Suppe
2 EL Preiselbeerkompott
1 TL Mehl
Salz, Pfeffer

Milchkren

Zutaten

2 EL Mehl
¼ l Milch
½ l Rindsuppe
geriebener Kren

Zubereitung

Mehl mit Milch glatt verrühren und in die kochende Rindsuppe einrühren. Kurz aufkochen, dann geriebenen Kren nach Geschmack einrühren, nicht mehr kochen, mit Salz und Pfeffer abschmecken.

Oberskren

Zutaten

2 dl Schlagobers
1 EL Kren, fein gerissen
1 Prise Zucker
Salz

Zubereitung

Schlagobers nicht zu steif schlagen, alle Zutaten untermengen.

Tipp: Wenn man Oberskren zu Fisch serviert, kann man diesen noch mit fein gehackter Dille verfeinern.

Oder man mischt 1 EL Preiselbeerkompott darunter und serviert ihn zu kaltem Fleisch.

Preiselbeer Kren

Zutaten

(siehe Oberskren, S. 150)

Zubereitung

Oberskren mit 2 EL Preiselbeerkompott vermischen oder nur das Preiselbeerkompott mit Kren vermischen.

Erdäpfelkren

Zubereitung

Die Erdäpfel kochen, schälen und heiß durch die Presse drücken. In einem Topf Milch erwärmen, Butter und Salz einrühren. Nun so viel Milch in die durchgepressten Erdäpfeln einrühren, dass eine nicht zu feste Masse entsteht. Zum Schluss den geriebenen Kren einrühren, nicht mehr kochen. Mit Pfeffer und Salz gut abschmecken.

Tipp: Wird gerne zu gekochtem Fleisch gegessen.

Zutaten

250 g Erdäpfel, mehlig
1 kleines Stück Butter
1 Tasse Milch
2 EL frisch geriebener Kren
Salz

Zwiebel-Sauce

Zubereitung

Zucker in heißem Fett goldgelb rösten, dann fein geschnittene Zwiebel dazu geben, rösten bis sie braun sind und mit Mehl stauben. Nachdem dieses gebräunt ist, mit Wasser oder Suppe aufgießen und gut verkochen. Die Sauce passieren, salzen und mit Essig und Pfeffer abschmecken. Die Sauce muss angenehm süßlich-sauer schmecken.

Tipp: Servieren Sie die Sauce zu gekochtem oder geselchtem Fleisch.

Früher wurden dazu auch Waldviertler Knödel serviert.

Zutaten

70 g Butterschmalz
od. Öl
40 g Zucker
2 große Zwiebel
60 g Mehl
Suppe
Balsamico-Essig
Salz, Pfeffer

Zitronen - Orangenzucker

Zutaten

Schalen von Bio-Orangen
Rohrzucker

Zubereitung

Ungespritzte Zitronen oder Orangen sehr heiß waschen, abtrocknen und mit dem Erdäpfelschäler sehr dünn abschälen. Mindestens eine Woche trocknen lassen, dann mit Rohrzucker reiben. Ich verwende dafür eine kleine elektrische Kaffeemühle. Gut verschlossen in ein Glas geben, ist dies immer ein Vorrat für diverse Backwaren.

Zitronensalz

Zutaten

Schalen von Bio-Zitronen
Salz

Zubereitung

Auf die gleiche Weise wie beim Zucker kann man auch mit Salz vorgehen.
Zitronensalz mit Kräutersalz vermischt, ergibt ein gutes Fischgewürz.

Kräuter-Salz

Zutaten

200 g grobes Meersalz
1 kg Kräuter
(Petersilie, Maggikraut, Selleriegrün, Basilikum, Majoran, Thymian, Rosmarin, auch Wildkräuter wie Gundelrebe, Quendel)

Zubereitung

Kräuter an einem sonnigen Tag abschneiden und luftig im Schatten einen oder zwei Tage trocknen, dann die starken Stiele wegschneiden. Das Salz auf zwei Bleche verteilen, die vorgetrockneten Kräuter darauflegen und im Rohr bei maximal 50° Heißluft fertig trocknen. Sind die Kräuter nicht vorgetrocknet, dauert der Vorgang mindestens 8 Stunden im Rohr. Danach alles in der Küchenmaschine reiben, in Gläser füllen und gut verschließen.

Das Salz hält gut getrocknet den ganzen Winter und schmeckt sehr gut.

Tipp: Probieren Sie das Kräutersalz einmal mit einer kleinen Menge an Kräutern aus. Sie werden sehen, es lohnt sich.
Beim Würzen der Speisen, die Kräuter zum Schluss beigeben, sie verlieren beim Kochen viel vom Aroma.

Steinpilzöl

Zubereitung

Olivenöl in einem Topf leicht erhitzen, danach die Steinpilze, die Pfefferkörner sowie die Schalen der Limetten dazugeben. Alles abkühlen lassen, in ein Glas mit breitem Hals füllen. Öl-Gemisch mindestens eine Woche ziehen lassen. Olivenöl durch ein feines Sieb gießen, anschließend gut verschließen und trocken lagern.

Tipp: Das Steinpilzöl harmoniert wunderbar mit frischem Olivenbrot, Parmesan und Salat.

Früher gab es jedes Jahr viele Schwammerl. Wenn Großmutter nichts zum Kochen hatte, schickte sie uns in den Wald um Schwammerl. Das Körbchen war bald gefüllt.

Zutaten

1 l Olivenöl kalt gepresst
150 g getrocknete Steinpilze
Schale von 2 Bio-Limetten
10 schwarze Pfefferkörner

A guata Toag,
a guates Bacht*

Gebäck

Sauerteig

///

Zutaten

75 g Roggenmehl
1 TL Zucker od. Honig
⅛ l lauwarmes Wasser

Zubereitung

Diesen Ansatz verrühren und zugedeckt an einem warmen Ort stellen. 3–5 Tage stehen lassen, bis sich Bläschen gebildet haben und der Ansatz sauer riecht. Während dieser Zeit den Ansatz gelegentlich umrühren. Der Sauerteig hält sich in einem gut verschlossenen Gefäß im Kühlschrank ca. 2 Wochen.

Germteig, kalt

///

Zutaten

25 g Germ
1⁄16 l Milch
300 g Mehl glatt
30 g Staubzucker
120 g Butter
3 Dotter
1 ganzes Ei
Salz

Zubereitung

Mehl mit Butter und Germ abbröseln, mit den Eiern und den übrigen Zutaten zu einem nicht zu festen Teig verkneten und ca. 20 min kühl rasten lassen.

Brandteig

///

Zutaten

⅛ l Milch
125 g Mehl
1 TL Zucker
125 g Butter
3 große od. 4 kleine Eier
1 Prise Salz

Zubereitung

Milch, Zucker Butter und Salz aufkochen, das Mehl einrühren und so lange auf kleiner Flamme rühren, bis sich der Teig vom Kochlöffel und Geschirr löst. Vom Herd nehmen, etwas abkühlen lassen, die Masse in eine Rührschüssel geben und die Eier einzeln mit dem Handmixer einrühren. Nach jedem Ei den Teig glatt verrühren, bevor man das nächste Ei einrührt. Schließlich den Teig zu einem guten Abtrieb kneten und gleich verarbeiten.

Mürbteig

Zubereitung

Mehl und Zucker auf die Arbeitsfläche geben, mit dem Reibeisen die sehr kalte Butter in das Mehl reiben. Mit den Händen die Butter kurz mit dem Mehl abbröseln, Dotter dazu geben, rasch zu einem Teig verarbeiten, in Folie einpacken und kalt 30 min rasten lassen.

Tipp: Lässt sich der Teig nicht gut verarbeiten, einige Spritzer Zitronensaft einarbeiten. Mit Zitronenzesten oder geriebenen Nüssen kann man den Teig verfeinern.

Zutaten

300 g Universalmehl
200 g Butter
100 g Zucker
1 Dotter

Strudelteig

Zubereitung

Mehl in die Rührschüssel geben, Salz, Öl, Dotter und das lauwarme Wasser einrühren. Mit dem Knethaken der Küchenmaschine gut abarbeiten. Teig zu 2 Kugeln formen, auf dem Nudelbrett schleifen (die Teigkugel immer wieder mit der Handfläche rund drehen = schleifen), dann dünn mit Öl bestreichen und in Klarsichtfolie eingepackt im warmen Raum ½ Stunde rasten lassen. Ein größeres Tuch mit Mehl bestauben, den Teig ebenfalls bemehlen, mit dem Nudelholz rechteckig ausrollen, mit flüssiger Butter oder Öl bestreichen, nochmals zugedeckt einige min rasten lassen, mit beiden Handrücken gleichmäßig dünn ausziehen. Mit der zweiten Teigkugel ebenso verfahren.

Zutaten

(Diese Masse reicht
für 2 große Strudel)
300 g glattes Mehl
160 g lauwarmes Wasser
1 Dotter
2 EL Öl
Salz

Strudelteig mürb

Zutaten

350 g Universal Mehl
150 g Butter
50 g Öl
1 Dotter
¹⁄₁₆ l Weißwein
1 Prise Salz

Zubereitung

Mehl und Salz auf die Arbeitsfläche geben, die Butter darauf reiben, gut abbröseln, mit dem Dotter, dem Wein und Öl zu einem weicherem Teig verarbeiten. Mind. ½ Stunde im Kühlschrank rasten lassen.

Tipp: Dieser Teig eignet sich sehr gut für diverse mürbe Strudel, besonders für Apfelstrudel. Die Masse reicht für 3 kleinere Strudel.

Topfen-Erdäpfelteig für Obstknödel

Zutaten

(Diese Masse reicht für ca. 15 Knödel)
250 g Topfen
50 g zerlassene Butter
200 g gekochte, passierte, mehlige Erdäpfel
200 g Mehl glatt
1 Dotter
Salz

Zubereitung

Die Zutaten zu einem Teig verarbeiten, ½ Stunde rasten lassen, beliebig mit Obst füllen und leicht wallend ca. 10 min kochen.

Erdäpfelteig für Knödel oder Nockerl

Zutaten

500 g mehlige Erdäpfel
(gekocht, geschält, durchgepresst)
200 g Mehl Universal
60 g Grieß
2 Dotter

Zubereitung

Erdäpfel mit der Schale kochen, schälen und entweder heiß durchpressen, oder kalt reiben. Ausgekühlte, passierte Erdäpfel mit allen übrigen Zutaten vermischen, Knödel oder Nockerl formen und in leicht wallendem Wasser kochen. Knödel je nach Größe 12–15 min, Nockerl ca. 3 min bis sie an die Oberfläche kommen. Dieser Teig eignet sich sehr gut für Grammel- und Fleischknödel.

30 g Butter
Muskat
Salz

Erdäpfelbutterteig

Zubereitung

Mehlige Erdäpfel kochen, passieren und kalt stellen. Butter mit Mehl und Germ abbröseln, mit den Erdäpfeln, Rahm und Salz vermengen, abarbeiten, dann den Teig einige Male auswalken und zusammenschlagen, dazwischen immer wieder rasten lassen.

Die Zubereitung der einzelnen Teigvarianten erfolgt wie oben.

Tipp: Diese Teige kann man für diverse Strudel wie Gemüse- strudel und Mehlspeisen verwenden.

Probieren Sie einmal einen Gemüse- oder Krautstrudel aus, es lohnt sich!

Zutaten

100 g Butter
100 g Universal Mehl
100 g mehlige Erdäpfel
10 g Germ
1 EL Rahm
Salz

Variante Teig I
250 g gekochte,
passierte Erdäpfel
250 g Mehl
200 g Butter
20 g Germ
1 Prise Muskat
Salz

Variante Teig II
200 g Mehl
150 g Butter
1 EL Sauerrahm
200 g gekochte,
passierte Erdäpfeln
15 g frische Germ
1 EL Milch

Variante Teig III
100 g Dinkelmehl
10 g Germ
80 g Topfen
50 g Butter
1 Dotter
Kümmel
1 Ei
1 EL Milch
Salz

Wer woas, für wos's guat is

Glattes Mehl: ist feiner gemahlen, enthält viel Proteine, ist sehr elastisch, geht auf, ist optimal für Strudel, Striezel, Weihnachtsgebäck.

Griffiges Mehl: ist nicht so fein gemahlen, ist für Teige die quellen sollen, wie Nockerl, Knödel.

Universal Mehl: ist eine Mischung aus beiden.

Gelindetes Mehl: nach dem Brotbacken wurde ein Reindl mit Roggenmehl in den Backofen gestellt und so das Mehl gebräunt (gelindet). Dadurch hatte man immer schnell eine Einbrenn, denn das gebräunte Mehl gab man nur mehr in das heiße Fett und die Einbrenn war fertig.

Nockerlteig: beim Nockerlteig ohne Ei ist es wichtig, den Teig nicht abzuschlagen, griffiges Mehl zu nehmen und mit Mineralwasser anrühren.

Palatschinken: die Pfanne soll sehr heiß sein, sonst bleiben die Palatschinken kleben. Entweder die Pfanne nur für Palatschinken verwenden, oder man gibt etwas Salz in die Pfanne, lässt dieses heiß werden und wischt dann mit einer Küchenrolle gut aus.

Schlagobers od. Sauerrahm: damit Schlagobers oder Rahm beim Einrühren in heiße Flüssigkeit nicht gerinnt, verrührt man sie vorher mit etwas Stärkemehl.

Schlagobers: lässt sich kalt immer besser schlagen. Schlägt man etwas Gelierzucker mit, fällt es nicht so leicht zusammen.

Empfindliche Teige:	wie Keksteige oder Mürbteig rollt man zwischen zwei Stück Backpapier aus.
Nüsse od. Mohn	in einer Pfanne ohne Fett angeröstet, schmecken noch intensiver.
Eiklar:	lässt sich gut einfrieren, nach dem Auftauen gut aufschlagen.
Fett sparen:	kann man bei vielen Gerichten. Statt der Einbrenn kann man die Speisen mit gelindetem Mehl (in einer Pfanne ohne Fett rösten) binden, so auch bei der von vielen geliebten Lasagne. Statt Bechamelsauce wird gelindetes Mehl mit Milch und Suppe verrührt. Dabei erspart man Fett.
Reis:	eine Kardamonkapsel, Koreanderkörner, 1 Nelke, sowie eine Zimtstange gibt man in ein Gewürzei und kocht dies mit dem Reis mit. In einem exotischen Reis gibt man gleich Kurkuma dazu. Mit dem Erdäpfelschäler dünne Streifen von Karotten abschneiden, mit Pilzen und diversen anderem Gemüse anrösten und in den fertig gekochten Reis unterheben.
Topfen:	soll nicht zu lange gerührt werden, sonst gerinnt er. Wichtig für ein gutes Gelingen ist, dass alle Zutaten die gleiche Temperatur haben.
Kaiserschmarren:	wird besonders flaumig, nimmt man weniger Milch, dafür einige EL Sauerrahm oder Obers.

SONNENTOR
Kräuter-Sinnes-
Erlebnis

Sprögnitz im Waldviertel

Im Frühling 2014 eröffnen wir ein neues, köstliches Kapitel unserer Firmengeschichte!

Begeben Sie sich mit uns auf eine kulinarische Entdeckungsreise: Um alle unsere Gäste noch besser bewirten und verwöhnen zu können, bauen wir ein zeitgemäßes Bio-Gasthaus mit einem großen Teesalon.

**SONNENTOR
KRÄUTER-SINNES-ERLEBNIS**
Sprögnitz 10, 3910 Zwettl
Tel.: +43(0)2875/7256-100
office@sonnentourismus.at
www.sonnentourismus.at

SONNENTOR

Da wächst die Freude.

Waldviertler Gute Laune Knödel

Zubereitung

Zubereitung Topfen-Grieß-Teig
Alle Zutaten zu einem geschmeidigen Teig verarbeiten, ½ Std. zugedeckt im Kühlschrank rasten lassen.

Zubereitung Fülle
Zwiebel und Gemüse in Pflanzenöl leicht anschwitzen. Mit den restlichen Zutaten vermischen und würzen. Kleine Kugeln formen und im Kühlschrank fest werden lassen. Aus dem Teig eine Rolle formen und gleich große Scheiben abschneiden, etwas flachdrücken, mit Fülle belegen und zu Knödeln formen. In kochendem Salzwasser 10–15 min ziehen lassen.

Tipp: Dazu serviert man am besten einen gemischten Blattsalat!

Zutaten
(Für 4 Personen)

Zutaten Topfen-Grieß-Teig
25 dag Topfen
15 dag Mehl
6 dag Margarine
1 Ei
2 Handvoll Grieß
Salz

Zutaten Fülle
3 Stangen Frühlingszwiebeln, fein geschnitten
1 gelbe Rübe, fein gewürfelt
¼ Bund Staudensellerie, klein geschnitten
15 dag Tofu geräuchert, faschiert
20 dag Grünkern gekocht, kalt werden lassen und dann faschieren
10 dag Topfen (Quark)
SONNENTOR Ayurvedisches Zaubersalz
SONNENTOR Gute Laune Gewürz-Blüten-Zubereitung
SONNENTOR Galgant
SONNENTOR Petersilie

Waldviertler Mohnnudeln
mit Flower Power Zwetschken

Zutaten
(Für 4 Personen)

500 g mehlige Erdäpfel
150 g Weizenmehl
40 g Butter
SONNENTOR Ayurvedisches Zaubersalz
1 Ei
200 g gemahlener Graumohn
Staubzucker
SONNENTOR Vanillezucker
500 g Zwetschken (Pflaumen)
100 ml Wasser
60–140 g Zucker (nach Geschmack)
Saft 1 Zitrone
1 TL SONNENTOR Lebkuchengewürz
1 TL SONNENTOR Flower Power Gewürz-Blüten Zubereitung

Zubereitung

Erdäpfel in Salzwasser kochen und abkühlen lassen. Die kalten Erdäpfel schälen, reiben, mit Weizenmehl, Butter, Salz und Ei zu einem Teig verkneten. Ca. 1 cm dicke und 4 cm lange Nudeln formen und diese in wallendem Wasser ca. 10 min kochen. Nudeln abseihen und in zerlassener Butter, Vanillezucker und gemahlenem Mohn schwenken. Mit Staubzucker bestreut servieren. Zwetschken entkernen und halbieren, mit Wasser, Zucker, Lebkuchengewürz, Zitrone aufkochen lassen und zugedeckt weichdünsten. Flower Power Gewürz-Blüten-Zubereitung zugeben und ev. mit Zucker und Zitronensaft abschmecken. Zusätzlich mit Flower Power Gewürzblüten dekorieren.

Danke

Besonders bedanken möchte ich mich bei meiner Familie, die mir immer wieder Ratschläge zum Computer Programm geben musste, bei meinem Mann, der viele der Rezepte mitessen musste, und dabei einige Kilos zugenommen hat, bei Stefan Artner für seine technische Hilfe, bei Rene Puhr sowie bei den Köchinnen: Silvia Bruckner-Riedl, Frieda Pfeiffer, Riki Ertl, Josefa und Monika Klestil, Angela Oberreuther, Christine Oberreuther, Milla Oberreuther, Anna Puhr, Anna Gruber, Emma Besenbäck, Anna Holzweber und Ingrid Müller.

Ein großer Dank gilt auch der Landwirtschaftlichen Fachschule Edelhof für die Zubereitung der Speisen, insbesondere Ing. Anna Kastner, sowie Werner Fröhlich, der für die Fotografien verantwortlich ist.

Gisela Toth